いのちのむすび

——愛を育む豊かな出産——

市川 きみえ 著

晃 洋 書 房

はじめに

いのちの誕生は、本来自然の営みです。自然の成り立ちによる巧妙な仕組みで、人類が誕生した時から女性が子を孕み、産み育て、脈々といのちはつながってきました。しかし、日本は戦後、出産場所が自宅から施設に移行し、現代は九十九パーセントの出産が病産院の医療の管理下で行われています。病産院の出産が一般化した今、医療行為を行わない自宅や助産院での「自然出産」は、たった半世紀前まで一般的であったにもかかわらず、まるで特別な出産方法のように恐れられ、ほとんどの女性には選択の対象となりません。

私は、医療が日進月歩の三十年前に助産師となり、産科医療の先端を担う母子専門の病院に就職しました。ところが、多くの出産を扱うその病院で、まるで妊産婦をベルトコンベアーに乗せた流れ作業のように、マニュアル化された技術の遂行しかできていない自分に気づき数年で退職しました。

その後、自ら助産院で出産し「産む喜び」を体験しました。出産は、痛くて苦しいだけのものではありません。どこで誰のどのようなケアを受けるかによって、出産体験は違ってきます。質の良いケアを受けることができれば、自己を超越した至福な体験となり、それはわが子への無条件の愛につながります。そのことが生まれてくる子どもにとって最良であることはいうまでもありません。自然出産の豊かさを知り、人生の価値観が大きく変わりました。ケアを受けた助産師さんから真の助産師の役割を身体で教わり、これからは一人でも多くの女性に至福な出産を経験してほしい。時代を担う子どもたちにとって最善の誕生を護りたい。助産師としてそれをお手伝いしたいと願うようになりました。

そんな思いで、一九九三年に地域の診療所である正木産婦人科に就職し、その後十八年間、自然出産と母乳哺育《ほいく》の確立を目指して助産ケアに取り組みました。その間、多くの母子とその家族に出会い、出産の場をともにし、出産体験を共有しました。私自身の出産体験から溢れ出た、多くの女性に体験して欲しい豊かで幸せな出産は、実際に体験した女性から大きなパワーとなって何倍にも膨らんで私のもとに返ってきました。

出産は、いのちをつなぐ女性（母）と生まれる子どもの二人のいのちの営みです。女性にとって、出産体験は人生そのもので、個々の生きざまや家族模様がみえてきます。

そうして自然出産に向き合ううちに、いのちが誕生する場は聖なる空間であり、そこでさまざまな神秘的事象が起こることに気づきました。それは、心理学者のアブラハム・マズローが名づけた至高体験（peak-experience）（文献1、2）や、精神科医で心理学者のカール・グスタフ・ユングが発見した共時性（synchronicity）（文献3～5）体験ではないかと考えられます。特に、共時性体験（偶然の一致）からは、見えない力の存在を実感し、いのちの誕生は、神によって創造された自然の摂理であり、人の手で犯してはならない神業と思うように、なっていきました。

お産には、世界中のどこでも地域や社会の文化のなかで祈りの場として儀礼が行われ、日本の産育史にも、宗教的な要素が含まれていたその意味がわかりました。私自身は、分娩の最中にその無事を祈り、神仏に手を合わせる日常から、お産の中に自然神である日本の神をみていたようです。

現代は、子を産む性を持って生まれた女性が産まないという選択ができる一方で、男女の交わりがなくても子どもを授かることができます。また、出産は、計画的に日時を調節するとか、薬剤で痛みをコントロールすることも可能な時代です。いのちは本来見えないものであるにもかかわらず、科学の対象となり、目に見える現象に判断基準が置かれるようになって、多くの恩恵を受けたようでありながらも本質が見失われてきました。

こころに豊かさをもたらす幸せな出産は、体験した母親のみならず、周囲にも幸福感をもたらす大きなパワーがあります。聖なるものから得られる豊かさからは、生きる意味が見出されます。物質に満たされた反面、人のこころが病む時代だからこそ、社会の幸せのため、今後、医学一辺倒となっている出産に文化的、宗教的側面からのアプローチが取り戻され、ホリステック（総合的）なケアのもと、誕生の場がいのちの尊厳を守る神聖な場となる時代が来ることを願って止みません。

本書は、私が正木産婦人科で助産業務に携わり、自然出産に取り組んだ十八年の記録です。関わった多くの女性の出産について、実際の出産場面と、アンケート調査（文献6）やインタビューで聴き取った体験内容（文献7、8）と、日本に古来伝わる神道の生命観（文献7、9）からまとめ、記しました。

私が、自然出産に携わる助産の営みからみた神を、産婆魂の内にある宗教感覚でとらえれば、人の誕生はいのちのむすびであり、神道の「産霊神《むすび》」の神力の賜物です。人のいのちが誕生するためには、人と人（男と女）との結びつきは不可欠です。そして、人は、生きている人も亡くなった人も含めた人と自然とのつながり（むすびつき）のなかで力を得、生かされる存在です。人間は、「人と間」と書きますが、いのちは「人間関係＝人と人とのこころとからだと魂のかかわり」で成り立っているからです。

本書が、読者にとって、つながるいのちの尊厳への気づきとなることを願っています。

目次

章扉写真

撮影

北田　正明（第１・２章）
市川きみえ（第３・４章）

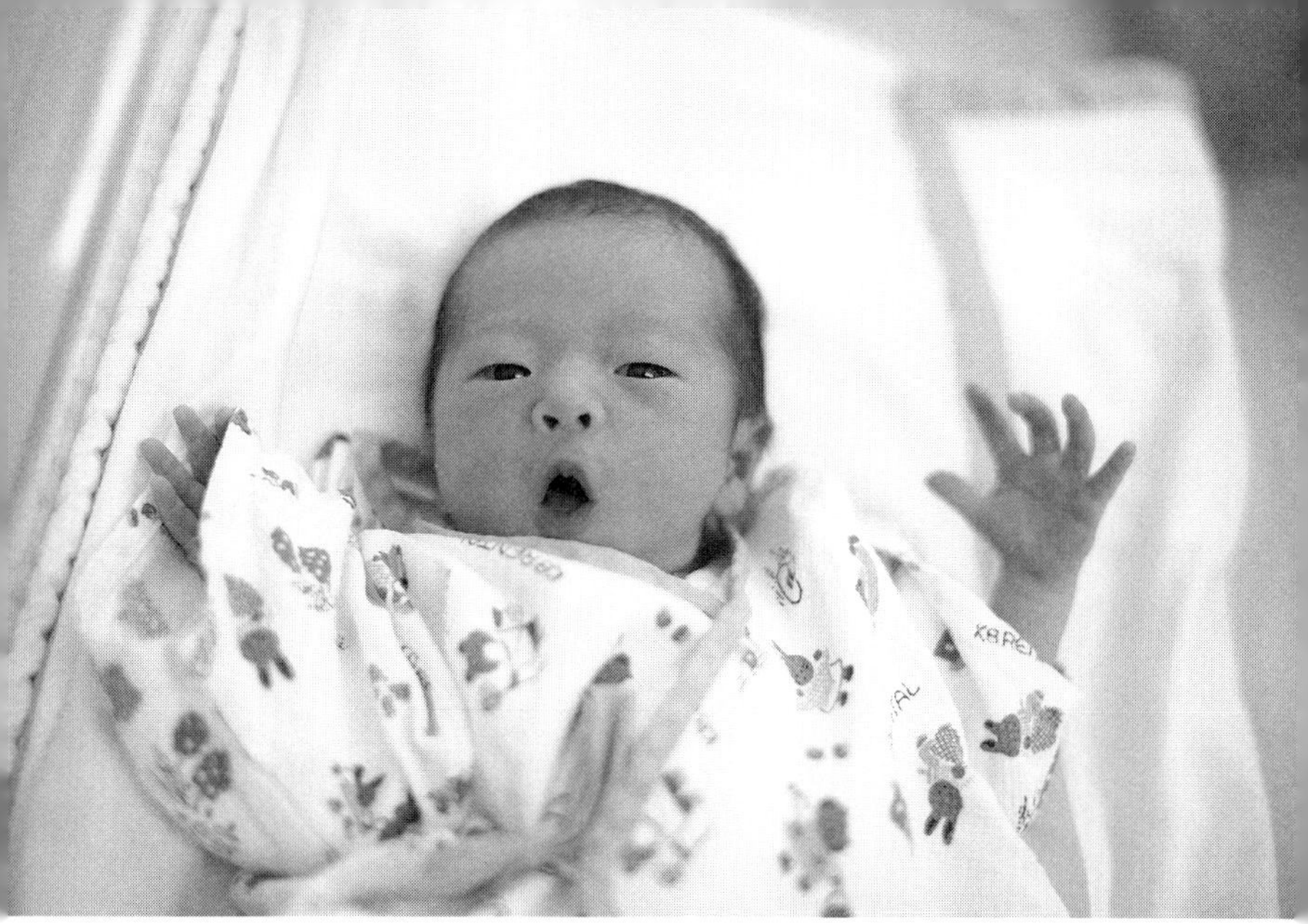

第 1 章　自然出産への出会い

1　自然出産への目覚め

「自然出産」とは、どういう出産でしょう。産科学では、「正常分娩」「異常分娩」という分類はありますが、自然出産という用語は用いません。また、会陰切開のような身体にメスを入れる医療処置が施されても、それで異常分娩とはいいません。

私は、看護学や助産学を習得した当時、「浣腸」「導尿」「陰部の剃毛」「初産婦の会陰切開」「分娩台で姿勢を固定」などを必要な処置として学びました。また、赤ちゃんは新生児室で管理されるシステムで、母子の接触は一日数回の決められた授乳時間のみとなっていました。その主な目的は、新生児がさまざまな細菌から感染するのを防ぐことですが、医療の管理や処置の容易さも関係しています。

ところが、自分自身が病院出産を体験した際、正常分娩であったにも関わらず、どこか「不自然さ」を感じました。それは、育児を行っていく上で、わが子とこころの歯車がかみ合っていないような、何となく違和感のある関係性からの気づきでした。

そんな頃、母乳哺育の推進に努め、ユニセフとWHOの共同声明「母乳育児成功のための十か条」（文献10）の基礎をつくられた故山内逸郎先生の教えを知りました。「母乳育児の確立には、自然に産んでわが子とともに過し（母児同室）、子どもが欲しがる時に欲しがるだけ母乳を吸わせることが大切で、それによって、母乳の分泌は促される。成熟して生まれる新生児は、予め自分のからだに弁当と水筒を身につけて生まれるので、最初母乳が出ない時期のミルクや糖水の補足は不要」（文献11、12）という山内先生の説に、目から鱗が落ち、母性本能が目覚めたように思ったのを忘れることができません。

私はその後、一九八五年に行われたＷＨＯの国際会議で「出産における適切な医療技術についてすべての国に対して根拠に基づく勧告」がなされた（文献13）ことを知りました。ここでは、「母児同室の推進」以外に、「分娩室からの母乳育児開始の勧め」「浣腸、剃毛は不要」「慣例的な会陰切開は不当」「分娩中の自由な体位の勧め」、その他正当な「帝王切開率」や「分娩誘発率」などについて触れられていました。

こういったＷＨＯによる出産や母乳哺育へのケアに関する勧告の、これまでに学んできたこととのギャップに戸惑いつつも、これが、望ましい助産ケアを模索する大きなきっかけとなりました。

2　良いお産を伝える活動を始めた母親たちとの出会い

そうして、第二子の出産は母児同室で過ごすことのできる施設を探し、その結果、助産院を選択しました。ここでは、妊娠中から継続してサポートを受けてきた助産師の立ち会いで、家庭のような温かい雰囲気のもとに出産することができました。浣腸や会陰切開などの処置を受けることはありません。出産直後からわが子と一緒に過し、一滴の糖水も与えることなく母乳哺育は確立しました。同時に、理性を忘れるほどに愛情が止めどもなく湧きあがり、自分の存在がわが子の欲求をすべて満たしてやれるという子どもとの一体感から、母親としての喜びを知りました。その至福のなかで「人間も所詮は哺乳動物で、自然界の一部であるに過ぎない」と宇宙や自然の法則に則ることの必然性を感じました。自然とは「自ずと然り」です。わが子からそれを教わりました。

そうして、助産院で素晴らしい出産を体験した後の一九九三年に、「助産婦資格の男性への対象拡大」の問題について、助産師の呼びかけで、主に助産院で出産した女性が集まり検討会が行われました。私は、その会に母親の立場で参加しました。集まった母親たちは、その問題提起をきっかけに、自分たちが経験したお産を語り、信頼できる助産師による継続的なケアの重要性と自然出産の素晴らしさを認識し合い、良いお産を広く世に広め、良いお産のできる場の存続を考え、次世代に残していく方法を模索しようと、自主グループ『主体的なお産を考える会』（文献14）をつくり活動を始めました。

私自身は、その活動に関わり、多くの母親や助産院の助産師さんたちに出会い、不必要な医療介入のお産で、心身ともに傷ついている母親が多いことも知りました。さまざまな出産体験の実例を聞き、出産が母子関係と母子の心身の健康状態に影響することを改めて認識しました。自分自身の体験からの気づきは、私個人の問題ではなかったのです。

3　地域の母親たちの産後一か月までの育児事情

私は、その頃、新生児・妊産婦訪問指導員（文献15）として、産後一か月以内の母子を家庭訪問し育児支援を行う業務に携わっていました。

ところが、生き生き楽しく育児をしている母親は少なく、また、哺乳方法も母乳のみの母親は皆無でした。

ある母親は、新生児を自分が日常生活を送るのとは違う部屋に寝かせていました。なぜかと問うと「泣かれたらどうしていいかわからない。一緒にいるのが怖い」といいます。

〝わが子が怖いとはどういうことでしょう?〟

問診するなかで、初産のその母親は帝王切開で出産したものの、その理由を理解しておらず、入院中は全くわが子と接していないのみならず、授乳方法やおむつの代え方の指導も全く受けてなかったことがわかりました。育児放棄は児童虐待です。その原因の一つが、出産の環境にあったことを知りました。

家庭訪問を重ねる中で、私が担当した地域では、初産婦のほとんどが帝王切開で出産しており、「初産婦は帝王切開が安全」「帝王切開後の母体の回復のためには安静が必要で、入院中育児はしなくて良い」と説明されていたことがわかりました。おそらく、この地域に住む女性の多くが出産していた施設が、そういう方針だったのではないでしょうか。

私は、こうして新生児の家庭訪問から、児童虐待や産後うつ病の影が潜む出産環境を知りました。育児のサポートは子どもが生まれてからでは遅い。児童虐待は家庭の問題だけではない。お産が変わらなければ、母子の心身の健康を保つことはできないと、さらに、自然出産への取り組みへの想いを確かなものとしました。

第2章　安心して出産できる環境づくりにむけた取り組み

1　自分の力で産みたい
——ある女性の出産——

出産が母子関係と母子の心身の健康に影響することを認識した私は、正木産婦人科で自然に産んで母乳で育てるという、本来当たり前のお産を追求し、助産を実践してきました。そこには、多くの女性たちとの出会いがあり、一回一回のお産の場で女性と赤ちゃんから多くを学びました。

そこで、まず、出会った多くの女性の中でも、私が特に大きく影響を受け正木産婦人科のお産を改革したともいえる一人の女性の、私が立ち会った三回の出産を紹介します。

二〇〇八年 春

「とうとう予定日ね」

「そう。今回の妊娠中はよくお腹が張っていたから、予定日よりだいぶ早く生まれると思っていたのに……」

「ここ数日は夜中になったら陣痛かな？　と思うような張りが来るのに、二時間くらいでなくなるの。腰は痛いし早く産みたいわ。まだかなぁ？」

この日は、第四子を出産予定の大田さん（仮名）の出産予定日。助産師外来を受診された大田さんは、近づく出産を心待ちにしています。

「大きなお腹になったね。確かお姉ちゃんたちはみな三五〇〇グラム以上の大きな赤ちゃんだったよね。おなかを触った感じではこれまでよりもっと大きいかもしれないよ。どのくらいまで成長したか楽しみだわ。今度も立ち会えたら嬉しいけど、〇日と△日は学会で神戸に行くのよ。できたらその二日間は避けてほしいなぁ」

「大丈夫。うちの子はみんな、市川さんがいる時しか生まれないから」

大田さんの助産師冥利に尽きるその言葉に、私は「それは、わからない……」と言いかけて言葉を止めました。

もちろんそれにはわけがあります。偶然の重なりの中で私は大田さんの第二子第三子の出産に立ち会うことができ、そのことが、正木産婦人科の出産環境の変遷を担ってきたのです。

「確かに……、今度も私の勤務時間に生まれるよね。いつになると思う？」

大田さんの言葉を信じるしかないと心の中で自分に言い聞かせ、カレンダーをさしながらそういって、立ち会った二度のお産を一緒に振り返りました。

❶ 痛くないお産は怖い

一九九五年 秋

大田さんとの出会いは、とても印象深いものでした。お産について他の人とは違う恐怖心を抱いていた大田さんは、第二子妊娠八か月のときに受講した安産教室で、「会陰切開をしないで赤ちゃんを産むことはできませんか？」と聞いてこられました。会陰切開とは、会陰が十分伸展しないまま赤ちゃんが生まれると裂傷がおきるのでそれを防ぐ、あるいは胎児の状態が悪く娩出を急ぐとき、通過しやすいように会陰部を切開し産道を広げる医療処置です。今回第二子を出産する大田さんは、第一子出産の際、会陰切開を受けたことに納得できていないようです。

その上、「一人目は陣痛の痛みを知らないまま産んだ。お産は経験しているけど、陣痛促進剤で産んだので陣痛の痛みを経験してないから、今回のお産のイメージがわかないのです。今度のお産はどうなるのかな？　と思うと、怖くて、怖くて」といいます。痛くないお産があるのか疑問に思い、全く痛くなかったのか訊ねると、やはり「全く痛みを感じなかった。だから今回のお産が怖い」と言います。痛くないお産ができるなんて、そんな楽な話はないはずなのに、大田さんは「痛くないお産が怖い」というのです。それまでに、陣痛促進剤を使って痛みを強く感じたというお話はたびたび聞いていましたが、陣痛促進剤を使ったから痛くなかったという体験は聞いたことがありませんでした。

私は大田さんの話の辻褄が合わないことが気になって、教室が終わってから、大田さんを呼びとめ再度前回の出産の詳細を聴いてみました。

「破水して、子宮口が半分以上も開いていたのに陣痛が来なかったので、陣痛促進剤をうたれた。陣痛がよくわからないのに分娩台に乗らされて、お腹にベルト巻いて機械（分娩監視装置）着けられて点滴された。陣痛計の波形を観ながらいきみむようにいわれて、いわれるままにいきんだら急に赤ちゃん下がってきたみたいで、初めてのお産だったからかよくわからないけど会陰切られて、それで生まれたの。促進剤うってすぐですよ。全然陣痛を感じないまま産んだお産はとにかく怖かった。だから今度は、薬は使わず自然の陣痛を感じながら産みたい」

「それに、前は、まだ母児同室の制度もなかった。赤ちゃんがそばにいないので、何をしていても落ち着かなかった。授乳時間になったら部屋に連れて来てもらえたのでおっぱいは吸わせてみたけど、出なかった。結局母乳とミルクの混合で育てたんです。もっと吸わせていたらおっぱい出ていた気がする。だから、今回は母児同室して、じっくりおっぱいを吸わせたい」

第一子の出産は、破水後自然に陣痛が強くなるのを待っていたけれど、分娩が進行しなかったようです。卵膜が破れて羊水が出ることを破水といいますが、破水すると子宮内に感染症が起こる危険性があるので、なるべく早く出産することが望ましく、陣痛促進剤を使って陣痛を強化し、会陰切開を受けて出産したということのようでした。「そのような、痛くない短時間の安産は誰もが望むもの」と思っている私は、大田さんが何を怖がっているのか、なおさら腑に落ちません。

「市川さん、自分で陣痛がわからないのに、機械（分娩監視装置）のグラフの波に合わせていきまされて、それで会陰切開されて〝ボン！〟って赤ちゃん出てきたら、それは怖いですよ。やっぱり、陣痛が来て子宮口が開いて、自分で陣痛の波に合わせていきんで赤ちゃんが下がってくるのがわかって産むのがお産じゃないんですか？」

やっと大田さんの言っていることの意味がわかってきました。

「今度は絶対、陣痛の痛みを経験したい。会陰切開は、自分では見えないから何されているのかわからないし、ほんとに怖かった。陣痛促進剤も会陰切開も二度といやです」

そういう大田さんの今回のお産への思いがわかった私は、

「大田さん、今ここ（正木産婦人科）で分娩介助できるのは院長と助産師の私の二人だけ。看護師は途中まで看ることができても分娩介助はできないの。私も子育て中だから夜勤はしてなくて、平日の昼間だけの勤務なのよ。もし、大田さんのお産が平日の昼間で私が勤務しているときなら、大田さんの希望に沿うようにお手伝いさせてもらえるのだけど」

と言いました。

すると、大田さんは、

「わかりました。なら、私市川さんのいる昼間に産みます」と断言し、

さらに、

「もうひとつお願いがあります。生まれたばかりの赤ちゃんを裸でそのまま抱っこしたいのだけど、良いですか?」と、カンガルーケア（早期母児接触）を要望されました。

「前のお産の時は、陣痛もわからないうちに赤ちゃんが生まれて、それから、すぐに今度は体重測るからといって、赤ちゃんは看護師さんに別の部屋に連れて行かれたの。次に顔を見ることができたときには、もう服も着ていて、〝はい、どうぞ〟って言われて渡されて、そこでやっと初めて抱っこしたんです。なんだか自分で産んだという実感も自分の子っていう実感も湧かなかった。だから、今度は自然に産んで、そのまますぐ抱きたい」

お産は自然の営み。あえて口にしないものの、ほとんどの妊婦は出産を自然のものととらえ、自然

に産み、生まれたわが子を抱っこして、かわいさを実感したいと思っているのです。出生直後に、母親が生まれたままの裸のわが子を胸に抱き、そのままおっぱいを吸わせることは、母と子の愛着形成の点でも、母乳哺育の確立にむけてもとても重要なことで、この大田さんの要望は理にかなった内容です。大田さんは、第一子の出産に納得ができていないことを、素直に伝えて下さっただけなのですが、実は、大田さんの願いは多くの女性の願いでもあり、お産の本質に触れる重要なことを提言されたのです。

今でこそ、出産時の希望すなわち「バースプラン」を妊婦が病院に伝えることが推奨されていますが、二十年近く前、妊婦が「自然に産みたい」、「カンガルーケアをしたい」などと病院側に要望することは珍しく、正木産婦人科では初めてのことでした。

できることなら大田さんの要望にお応えしたい。けれども、いつ生まれるかは誰にもわかりません。大田さんは私の勤務時間に産むつもりでいますが、自然出産は夜に多いのです。薬を使う計画分娩なら、私の勤務時間帯に出産してもらうことは可能ですが、大田さんはその陣痛促進剤を使う出産がいやだといっているのです。

私は、もし、運よく大田さんの出産に立ち会うことができたなら、精一杯希望に添うようお手伝いをしよう、大田さんの今回の出産は、今後の正木産婦人科のお産のあり方の道しるべとなるはずと、改めてそう決心したのでした。

それから二か月ほど後、大田さんは、自分でおっしゃった通りに私の勤務している時間帯に出産されました。会陰切開も、陣痛促進剤も使わない自然出産で、まだ羊水も臍の緒もついたままの生まれたばかりのわが子を胸に抱くことができました。

「わー、赤ちゃんって温かい。気持ちいいなぁ。女の子や。かわいい！」と感嘆の声をあげ、しっかりと顔を見て、全身をくまなく観察しました。

そして、「臍の緒を、自分で切ってもいいですか？」と聞いてこられました。

私は、この要求に対する返事を、始終を黙って見ていた院長に託しました。院長は、思いもよらない要望に驚きながら、小さく首を縦に振りました。

許可を得た大田さんは、感触を味わうように臍帯を切りました。

しばらくすると、赤ちゃんは口を開け、おっぱいを欲しそうなそぶりを見せたので、私が少し手伝って、赤ちゃんの口に乳首を入れてみると、いとも簡単にその乳首を吸い始めました。

「わぁ〜、吸った、吸った！」「すごいな、本能やねえ。へぇ……、吸ってくれたわ」と、大喜びの大田さんでした。

第一子の入院中は、看護者が新生児を新生児室で管理する母児別室制でしたが、この第二子の出産後は、希望者には日中のみ母児同室できる制度ができており、大田さんも母児同室を選択されました。

「自然に産めて良かった。自分で産んだ実感があって、めっちゃかわいい。母児同室もいい。自然に産んで一緒にいるからこそ、赤ちゃんにどんどん愛情が湧いてくると思う」

「市川さん、今度私が三人目を産むときまでに、夜中もずっと母児同室できるようにしておいてね」

医療介入のない自然出産とカンガルーケアそれに母児同室に満足した大田さんは、私に新たな課題を出し、満面の笑顔で退院していかれました。

大田さんには三年ほど保育士の経験がありましたが、お産については、ほとんど何も勉強していないようでした。私が、大田さんとの関わりをとおして認識したことは、妊産婦は、自分とわが子にとっての最善のことが理屈ではなく直感的にわかっているので、妊産婦の声に耳を傾けることが、何より重要だということでした。

大田さんのこの出産を契機に、正木産婦人科では、お母さんと生まれる赤ちゃん双方にとって優しいお産をめざし、皆が妊産婦の声に耳を傾け、妊産婦と助産師・看護師とのコミュニケーションを重視した助産実践を行っていくようになりました。

❷ 四つんばいのお産

一九九九年 冬

年末の仕事納めの日、すなわち年末年始の休暇の前日に大田さんは第三子出産のために入院しました。この当時、年末年始は外来のみならず入院体制もお休みし、その間の分娩は他院に依頼していました。ですからどうしても休暇に入る前に正木で産みたいと言っていた大田さんにとって、その日はタイムリミットでした。

「市川さん、大田さんが〝陣痛が始まったから診てほしい〟って玄関に来られています」

受付から電話が入り玄関に行くと、大田さんは大きなカバンを床に置き、靴を脱いでいました。さすがに三回目の出産です。一人で来院するとは余裕があります。

「今、陣痛は何分間隔？」

「五分から七分くらい。まだ痛さはばらばらだけど、今日中に生まれると思う。〝まだ生まれそうにない〟って、市川さんに言ったばかりやのに、家に帰って少ししたら、痛くなってきた。ああ良かった。この子、さっきの話聞いてたんかな？」

大田さんは、朝、妊婦健診受診のために来院されました。けれどもまだお産の徴候はなく帰宅され、その報告のお電話をいただいた二時間後に来院されたのです。

「子どもさんたちは？　立ち会うのではなかったかな？」

「もうすぐおばあちゃんが連れてくる」

「じゃあ、今のうちに内診して分娩監視装置着けて、お産の進み具合と、赤ちゃんが元気にしているか、診ておきましょう」

大田さんの第三子出産のバースプランは、「四つんばいのお産」、「上の子（第一子と第二子）の立ち会い」と「分娩直後から二十四時間終日の母児同室」。どうしてもフリースタイル（自由な体位）（文献16〜18）で産みたいので、他院には行きたくないと、強い希望を持っての出産です。

正木産婦人科は、大田さんが第二子を出産してから四年の間に大きく様変わりしていました。数人の助産師が採用され交代制で助産業務を行うようになっていました。助産師は、妊婦と関わる機会となる安産教室を、お産の勉強や指導の場としてだけではなく、妊婦同士や妊婦と助産師の交流の場として設け、わが子をどのように産みたいか、出産に対してどんな不安を抱いているかに耳を傾けていました。

ほとんどの初産婦は、親になる期待と同時に想像できない痛みや苦しみに、また、分娩の経過や医療処置に対して漠然とした不安や恐怖感を抱いていました。

一方、多くの経産婦は、これまでの出産で大田さんのように恐怖心を抱きながら、さまざまな医療介入を受け、その辛かった体験がトラウマになっていました。育児に悩む母親の言葉に耳を傾けていると、辛かった出産体験が引き金になって母子関係をうまく築けていないことが浮き彫りになってきました。

そういったなかでの大きな変化は、自由な体位での出産（フリースタイル出産）が始まったことです。それは、一九九六年春、安産教室の際「四つんばいで産みたい」と、第二子を出産予定の妊婦が申し出て、それが実現できたことがきっかけでした。

この妊婦は、第一子を他院で吸引分娩によって出産したことを、「自分で産めなかった」と自責し、今度は「自分の力で産みたい」という思いで出産施設に正木産婦人科を選択されました。そして、安産教室の際に「四つんばいで産みたい」と、フリースタイル出産を希望してこられたのです。また、その妊婦は第一子の出産後、母児同室を経験しておらず、母乳育児を望んでいたこともあり、出産直後から終日の母児同室も希望されました。

四つんばいになり、自らの力で産んだ自然出産と、そのまま母児同室し、わが子と常にコミュニケーションをとりながら児の欲しがるままに乳を吸わせた母乳哺育は、その母親にとってとても満足のいく体験でした。そして、それを機に始まった正木産婦人科のフリースタイル出産と終日の母児同室は、いつしか地域で評判になり浸透していきました（文献19）。

ですから、「自然出産したいという思いを伝える」、その先陣を切った大田さんが、今回フリースタイル出産を望むのは当然のことでした。そしてまた、大田さんが私の立ち会いを希望し、私も同様にできることなら立ち会いたいと思っていたのはいうまでもありません。

今回もまたフリースタイル出産ができるタイムリミットの日の私の勤務時間に大田さんの赤ちゃんは生まれるのです。

「大田さんの希望通りの出産に立ち会える！」

もしかすると一番喜んで興奮したのは私だったのかもしれません。

入院した時には余裕のあった大田さんの表情が変わってきました。

「そろそろいきみたくなってきました？」

「まだいきみたくはないけど、ちょっとお尻に響くようになってきたから、（分娩室へ）もう入った方がいいと思う」

自分でお産の進み具合を判断し、分娩室に入った大田さんは、しゃがんでクッションに顔をうずめ、陣痛の波に集中しました。六歳と四歳のお姉ちゃんたちは二人で手をつなぎ、心配そうに神妙な面持ちで、何も言わず母をそばから見ています。

誰もが集中する静かな空間。ライトの明かりを弱め薄明かりの中、音は、胎児の心拍を聴取する「ドッ、ドッ、ドッ……」というドップラーの音だけ。

「いきみたくなってきた」

大田さんは、陣痛の波と胎児の下降をとらえながら、自然の力にまかせていきむ。

破水だ。卵膜が破れ直接胎児の頭が見えてきた。

緊張感のなか大田さんはいきむ力を調節する。

児の頭が会陰をふんわり伸ばし広げ、顔まで出た。

「大田さん、赤ちゃんの頭が出たのわかる?」

耳元で、囁くような小声で聞くと、クッションに顔をうずめたままの大田さんは、うなずいた。

「次の陣痛で生まれるからね。今みたいに自分で力を調節してね」

顔だけ出した赤ちゃんは、目を開け鼻から羊水を出す。

顔はきれいなピンク色。

とても良い状態なので娩出を急ぐ必要はない。

私は、安全にこの児を受け止めるだけだ。

陣痛の波がきた。赤ちゃんは産道に沿うようまわりながら肩を出し、それからツルンと生まれ出た。受け止めた私が股間から赤ちゃんを前にさしだすと、大田さんはすぐさま手に取り胸に抱き座り直した。

赤ちゃんは、第一呼吸のための産声を一度「フニャ」とあげただけで安心して泣かなかった。

ゆっくり目を開けた。

黙って始終を見ていたお姉ちゃんたちも寄ってきて、目を見て話しかけながら手を、頬を、頭を触り、一緒に臍帯を切った。

そして、赤ちゃんは大田さんの乳頭を力強く吸い始めた。


今回の出産で、お産を助けるはずの私＝助産師は何もしていません。光に包まれたかの如く、優しく美しいお産をただ感嘆しながら観て、赤ちゃんを受け止めただけでした。

「神聖なお産」

太古から、お産は世界中のどこでも宗教的にとらえられていました。その意味が、フリースタイル出産の中から見えてきます。私がお産の中に神を見るようになったのはこのころからだったと思います。

いのちが生まれ育まれていくために創られた自然のしくみは巧妙かつとても繊細で、それは、神によって創造された自然の摂理です。私は、助産師としてそれを護りたい。その想いがふつふつと湧きあがっていました。

「三人目を産むときまでには生まれてすぐから終日母児同室できるように」と、第二子の退院時に出されていた課題はすでに終わり、完全母児同室できる体制は整っていました。けれども、大田さんは産婦人科の年末休業のために入院はできず、翌日に退院し、自宅で家族と一緒に過ごされました。

大田さんは、三人の子どもさんをこの正木産婦人科で出産されました。しかし、それぞれの出産方法と産後の母児接触の頻度は違い、それにともなって母乳哺育の確立状況も違っています。この違いは、その後の育児や母子関係にどういった影響がでるのでしょう。

③ 気持ち良いお産

二〇〇七年 冬

大田さんが第四子を妊娠したと聞いたときは正直驚きました。確か、子どもは三人の計画といっておられたはずだし、何より第三子はもう小学生です。

ところが、大田さんは妊娠六か月になり、胎児の性別がわかって、「市川さん、やっと男の子が来た（第一子から第三子まで女児）。去年お父さんが死んで、ちょうど納骨のときにこの子が来た（妊娠した）の。お父さんが土に返ったから、今度はこの子が向こうから来たと思う。大事な人が（この世から）出て行ったから、大事な人が来た。一人死んで一人生まれる、（お父さんの）生まれ変わりとは思わないけど、いのちにはそういう循環があるのではないかな。お父さんは自分が死んでも寂しくないようにこの子を授けてくれたのだと思う」（文献7、8）と今回の妊娠の意味を告げてきました。

待望の男の子は、お骨を納められ、あの世に旅立ったお父様の代わりにやってきたのでしょうか？

大田さんから、今度は霊魂の永続性への気づきを与えられました。

第四子の出産について、バースプランを訊ねると、

「もう何もない。上の子たちと、市川さんに立ち会ってもらえたらそれでいい」

といって下さいました。

二〇〇八年 春

さて、そのお産は、予定日に行った妊婦健診の翌日、すなわち予定日の翌日の私が当直に入る日の朝に破水から始まりました。夕刻になり、私が勤務に就いたころから、陣痛が徐々に強くなりました。

「やっぱりうちの子は、市川さんの仕事中にしか生まれない……」

またまた大田さんのいうとおり、私の勤務中に出産となります。三回続けて立ち会えるのは何パーセントの確率でしょうか？　ありがたいご縁です。胎児は、昨日の健診時の大田さんと私の会話を聞いていたのでしょうか。

今回の出産は、これまでの出産から考えれば、陣痛が始まって二時間くらいで生まれるのではないかと予測していました。けれどもなかなか本格的な陣痛になりません。腰痛が強く、横になったり起き上がったりしてその痛みを逃しました。

「陣痛が始まったら、直ぐ生まれると思っていたのに、今回は違うわ。この子、夫が来てくれるのを待っているのかなぁ？」

午後九時を過ぎ、やっと仕事を終えた夫が到着しました。家族が全員揃って、大田さんの表情は変わりました。安心して夫に身体をゆだね、立ち会い出産に消極的だった夫も、いつしか一緒になってその場を共有しています。けれども、相変わらず、陣痛は微弱のまま。子宮口が全開大し、陣痛の発作時には児の頭髪がちらちら見え隠れするようになっても、陣痛の間隔は五分以内に短くならず、強さにも強弱があり一定しません。陣痛の間欠時にはうとうと眠り、発作時には夫の力を借りて怒責をかける。その状態が続きました。私は、その場で、胎児の状態と分娩の進行を診ながら家族を見守りました。

とうとう日付が変わりました。

大田さんは、夫の疲労が翌日の仕事に影響するのを気遣い、夫に帰宅するよう促しました。第三子も一緒に帰宅しました。

いよいよ終盤。

第三子の出産に立ち会った第一子と第二子のお姉ちゃん達は、立ち会いを楽しみにしていたので、夜中になっても張り切っています。

「市川さん、分娩台で頑張ってみる」

第三子は四つんばいで産みましたが、第一子第二子を分娩台で産んでいた大田さんは、分娩台が良いと直感でわかったのでしょう。二人の子どもさんたちに励まされながら、午前一時をまわって、やっと赤ちゃんは誕生しました。体重四〇〇〇グラムを超えるビッグな男の赤ちゃんでした。お産に時間がかかったのは、赤ちゃんが大きかったせいだったようです。

無事に出産を終え安堵して「今回は時間がかかって一番大変なお産だったのじゃない？」とねぎらった。……つもりでした。けれども、大田さんからはまたもや意外な答えが返ってきました。

「市川さん、今回のお産はめちゃ楽しかったし気持ち良かった。これまでで一番気持ち良かった。時間がかかった分、気持ち良いのをじっくり味わえた。赤ちゃんはかわいいし、ほんまに良かった。また産みたい！」と。

次の出産を望む気持ちになった大田さんは、いったい、何人子どもを持つのだろう？

❹ お産と母子関係

さて、第四子の妊娠を機に、第三子出産後に抱いた「出産によって育児や母子関係に違いがあるか」という疑問について、妊娠中に聞いてみました。すると、このような答えが返ってきました。

３人目を産んで、楽しいことが増えた。子どもと行動していることが楽しい。

お産の話が楽しく、生まれた後の記憶が全部残っていて、子育てが楽しいのは三人目。

三人目は小学校に上がってもべたべたしているけど、それが心地良くて嬉しい。

三人目は病気をしない。風邪をひいても自力で治る。

三人目は自立できると信じられる感じがする。二人目も自分でやるだろうと思える。

一人目の育児は楽しいとは思えなかった。でもそれは、初めてで不安だったというのとは違う気がする。出産のスタイルが影響していると思う。

二人目からは〃自分の子〃って感じがする。たかが四〜五日のことだろうけど、ずっと一緒にいたことも関係している気がする。

一人目の子の入院中、（わが子に会うのが新生児室の）ガラス越しだと探さなければいけなくて、それは、違和感があった。自分の子なのに抱かせてくださいと言わなければいけないし借りている気分になった。

一人目とのスキンシップは下手だった。一緒にいなかったために自然体でできなかったのかもしれない。


さらに、第四子を出産し、退院一週間後に家庭訪問した際には、第四子の出産を振り返りこのような話を聴くことができました。

お産は気持ちが良い。

からだだけではなく頭で気持ち良さを感じるし、幸せを感じる。

途中で眠くなった。それも気持ちが良かった。

お産は子どもとの最初で最後の共同作業。

赤ちゃんが降りてきているのを感じ、からだの中で起こっていることがイメージできた。

一緒に頑張っているという実感があるから、お産は楽しいしそれが一番大切なこと。

今回産む前は、四人目だからもう終わりと思っていたけど、産んでみたらそうではなく、産んで直ぐまた次の子を産みたいと思った。

お産って、毎回違うから何人産んでも終わりがない。

あの未知の世界にまた入っていかなアカンって感じがする。

お産は四人産んだからよく知っている。でも、九十九パーセントは知っているけど、あとの一パーセントは一人ずつ違う、あの、なんとも言えない気持ち良さとからだで感じるあれは……。

その、一人ずつ違う別の一パーセントの未知の世界を知らないといけないと、なんか駆り立てられるような感じがする。

会陰切開は痛いからとか怖いからというだけ（の理由）でいやなのではない。陣痛促進剤も同じことで、子どもとの間に入ってこられるのがいや。二人の流れがさえぎられ、気持ち良さが中断される。

お産の良かった子はかわいい。生まれて、ずっと一緒にいたらもっとどんどんかわいくなる。
どんなお産だったかは、その後の育児に影響する。

⑤ 望ましい出産環境

私はそんな大田さんに「お産で一番大事なことは何？」と問うてみました。
すると即座に、「環境！」と答えが返ってきました。

家族みんなが来てくれて、それぞれ居てくれて安心できた。
医療者には、安心してお産できる環境を作ってほしい。
例えば、分娩室は静かな方が良い。
医療者の出す音は気になる。器械の音はいや、緊張する。
分娩室の雰囲気によって緊張感が出る。
子どもの出入りは気にならない。

助産師は、家族とはサポートの仕方がまた違う。
助産師には、家族みんなを包んで、お産の流れを見守ってほしいだけ。

だから信頼できる人が良い。

赤ちゃんに対する愛情は自然に湧くもの。

それも産んでいるときと、その直後が一番愛情の湧くとき。

お産のとき、家族や医療者がどれだけ受け入れてくれたかによって、子どもへの愛情の湧き方が変わる。

一番肝心なことは、〝どれだけ、皆で気持ちを共有できたか〟ということ。

愛情は、自分だけ湧くのではなく、共有できたみんなに湧いてくるものだから。


助産師には、家族や自分のことを全部知ってもらって、自分を預けても大丈夫という安心感が必要。

継続してみてもらうことも大事だと思う。

産婦は、産むことが不安。お産には安心感が一番大事。

安心して産めたら、頭とからだで感じるお産ができる。

だから、医療者には、安心してお産できる環境を作ってほしいと思う。


このようにして、大田さんには十三年の間に三回の出産に立ち会うご縁をいただき、女性が自ら産む力を信じ、本能にしたがって産む「自然出産」の素晴らしさを教えてもらいました。大田さんとの出会いが、「自然出産を護り伝えたい」思いの源になっていることはいうまでもありません。

2 院長の技

さて、助産師は、妊娠出産の経過をより良好な状態で送ることができるようにケアしますが、それに対して、医師は異常時に医療行為で生命を助けるのを業とします。私は、正木院長が素晴らしい技で母児の生命を守る姿を見てきましたので、ここでそれをご紹介します。

骨盤位すなわち「逆子（さかご）」のお産は異常産なので、医師が介助し、それを「骨盤位娩出術」といいます。私が以前に勤めていた病院を退職した一九九〇年頃、すでに、骨盤位の娩出法として、初産婦であれば骨盤位娩出術でなく帝王切開術が適応されることが主流になっていました。

同時期に、「反復帝王切開」すなわち一度帝王切開をした後の分娩で、子宮創部の離解による子宮破裂の危険を回避するために行う帝王切開も、「双胎（ふたご）」の帝王切開も主流になり、病院の帝王切開率は増加傾向にありました。

一方、医療管理の分娩方法として、計画的に平日の昼間に出産させる計画分娩や、痛みを軽減するため麻酔を投与する無痛分娩などが全国的に進んでいました。しかし、そういった計画分娩や無痛分娩は、勤めていた病院で行われたことは無く、実際には情報として知るのみでした。

❶ 逆子のお産

「○○さん、初産で逆子の吉田さん（仮名）が全開。発作時には足が出てくるから院長に連絡して」と、看護師に、分娩室から院長へのコールを依頼した。

「市川さん、院長は、〝ルートとってあるかな？　分娩台で体位を整えて、いきませないで足が出てきたら押さえておいて〟っていっています」

どうやら、院長は診療中で手が放せないらしい。

有効な陣痛があり胎児に異常はなく、順調な経過である。院長が来室するまで、助産師の私でも診ていることはできる。

「吉田さん、子宮口は全部開きましたよ。普通のお産ならもういきんでも良いのだけど、逆子の場合は、むやみにいきんでからだだけ出てしまって、そのあと一番大きい頭が出なかったら、臍の緒が圧迫されて赤ちゃんに血液が通わなくなってしまうの。だから、慌てていきまないで、赤ちゃんのからだが下がって産道の中で丸まって、産道がしっかり開き、頭が通りやすくなるまでゆっくり待つのが大事なのね。私は足が出てきたら、それを押し込んで、赤ちゃんのお尻が出るのを待つからね。先生も、もうすぐ来るから大丈夫よ」

「逆子のお産のコツは、姿勢と呼吸法。足をしっかりここに着けて、陣痛が来たら〝フ〜ゥン〟の呼吸法。〝フ〜〟と息を吐きながら力を抜いてからだを丸くして、そのまま続きでゥンと肛門の方に向かって力を入れるの。〝ゥン〟のときは手に握っている棒を押すんじゃなくて、脇を広げてバケツを持つように引っ張る感じ。フ〜は、息を吐いて産道の筋肉を緩め赤ちゃんをとおりやすくするのが目的。ゥンで丸くなって産道の向きに合うように赤ちゃんを通してあげるの。それだけで無理にいきまなくてもうまく下がってくるからね」と、いつも院長が説明するお産のこつについて代わって説明した。


「ドッドッドッドッ、ドッドッドッドッ、…………」

「フ〜ゥン、フ〜ゥン、そうそうこっちこっち、フ〜ゥン、……」

「あら男の子だわ」逆子の場合は生まれる前から性別がわかる。

「治まったらからだの力を全部抜いて、リラックス」

「どうかな?」

院長が来室した。

「足が収まらなくなりました」

院長は、落ち着いて手を洗い手袋をはめながら、

「吉田さんもうちょっとや。逆子のお産はな、じっといきむのを我慢して、赤ちゃんの腰が見えてきたら、最後の一回の陣痛で思いっきりいきむんや」

「いきむときは私が合図するから、このままもうちょっとフ～ゥンで頑張るよ」という。

私は赤ちゃんの足に添えていた手を離し安堵した。

「ドクッ、ドクッ、ドクッ、ドクッ、ドクッ、………」

心拍が回復しない。

胎児のお尻が出てきた。

……緊張感が走る。

「よし、最後や。次の陣痛が来たら呼吸を整えて一気にいきもう。早く出してあげた方が良いからちょっと会陰切開するよ」

〝いよいよ生まれる〟

「（陣痛が）来ました」と吉田さん。

「一回息を吐いて、ゆっくり吸って〜、吐いて〜、大きく吸って〜、そのままウーン。」

「息が苦しくなったら一回吐いて、吸い直してウーン」

私の掛け声に合わせて吉田さんは力いっぱいいきむ。

院長は一回目のウーンという長いいきみで肩まで娩出し、二回目のいきみに合わせてスルッと頭を出して、赤ちゃんを吉田さんのお腹に乗せた。

鮮やか‼　神業だ‼


「吉田さん、いきまずに上手に産んだから赤ちゃんはほら、元気や」

臍帯を切断し会陰縫合を始めた院長は、頬を紅色にそめ笑みを浮かべながらそういった。

普段は無口で沈着冷静な院長も、この時ばかりは高揚するようです。私は、院長のこの鮮やかな骨盤位の娩出技術と、この笑顔を忘れることはできないでしょう。

院長の逆子の娩出技術は、まさに神業です。

また、二児とも頭位から始まった「ふたごの出産」では、このようなことがありました。

第一児（先に生まれる赤ちゃん）を娩出した後、内診すると第二児の頭が触れません。院長がエコーで腹部から赤ちゃんの向きを確認したところ、横向き（横位）になっていたのです。胎児が縦向きになっていなければ、すなわち頭が下か、もしくは逆子になっていなければ経腟分娩は不可能です。横向きのままでは生まれません。そこで、即座に院長は内診したかとおもうと、子宮内で赤ちゃんの足を持って引き出し逆子にし、骨盤位娩出術で娩出したのです。

病院でふたごの経腟分娩は、ダブルセットアップすなわち緊急帝王切開の準備のもとに行われるらしい。この場合なら、すぐさま緊急帝王切開に切り替わったでしょう。院長は骨盤位娩出の技のみならず、さまざまな場面で即座に冷静な判断とそれに対処する偉大な力を持っていました。

いつからか、逆子のお産は経産婦であっても帝王切開術が行われるようになり、今や日本に逆子を経腟分娩できる病院はほとんど無くなってしまったようです。院長より若い世代の産科医は骨盤位娩出術を学んでいません。院長が現役を退くころには、日本から骨盤位娩出術は消えてしまうのではないでしょうか。

このようなみごとな骨盤位娩出術の技は、次代に継承していってほしいのだけれど……。

❷ 帝王切開の既往のある女性のお産

「帝王切開してください」

妊娠三十七週（予定日三週間前）の山田さん（仮名）は妊婦健診でこう院長に懇願しました。

正木産婦人科には、帝王切開の既往があるとか、逆子のため他院から経膣分娩を希望し転院してくる妊婦は多いけれど、自分から帝王切開をしてほしいと妊婦がいうのはかなり珍しい光景です。

山田さんは、第一子を帝王切開で出産しています。予定日を十日過ぎても陣痛が始まらず、内服薬、子宮頸管の拡張、点滴薬などで分娩を誘発しましたが、その効果はなく、妊娠四十二週（予定日の二週間過ぎ）の過期産になっても陣痛が起こらなかったのです。

山田さんが帝王切開を望む理由をよく聴くと、分娩誘発の医療的処置で経験した痛さとその恐怖心と、その処置の効果がなかったことがトラウマになっている様子です。経膣分娩のために同じ思いをしていろいろな処置を受けても、また陣痛が起こらない可能性があるなら、最初から帝王切開に決めたほうが安心というわけです。

それに対して、院長は帝王切開の予定を決めかねています。前回の帝王切開の適応は狭骨盤など母体の器質的適応ではありません。胎児の推定体重や、山田さんの内診所見、その他さまざまな要因を総合的に判断し、経膣分娩が可能だと判断しているのでしょう。

翌週の妊婦健診の際、山田さんの強い希望によって帝王切開の日程が決まりました。そして、予定された帝王切開の前日入院したところ、夕刻から徐々に陣痛が始まったのです。深夜になって陣痛の抑制が効かなくなり、そのまま出産に至りました。もちろん経膣分娩で〝超〟が付く安産です。

助産師や看護師らは皆、山田さんの安産を祝い、口をそろえて「赤ちゃんは普通に産道を通って生まれたかったんだね」といいました。お産には赤ちゃんの「お腹から出されるのは嫌だ。自分で産道をとおって生まれる」という意思が関係するようです。

逆に、お母さんの意思で分娩の進行に変化が起こる場合もあります。

予定日を過ぎても分娩が始まらないとか、微弱陣痛で分娩が進行しない場合には、陣痛促進剤が使われますがその効果は弱いのです。その原因の多くは、産婦のこれから何が起こるのだろうという不安や痛みへの恐怖心による緊張感です。ですから、何らかのきっかけがあって、産婦自身に「私が産む！」という覚悟（気持ちの切り替え）ができた途端に陣痛が強くなって、分娩は進行するのです。

お産には、産婦の精神状態が大きく影響します。私は、そこが医療者である産科医・助産師・看護師の腕の見せどころだと思います。産婦に寄り添い安心感をもたらすケアは、薬剤より効果が高く、なにより安全です。

院長は少しのリスクに動じることなく、赤ちゃんの生まれる力と産婦の産みだす力が引き出されるのを待ちます。これも、産科医に求められる重要な〝技〟です。「院長が待つ」からこそ、助産師も看護師も安心して産婦に寄り添えるのです。

二〇一一年の日本の帝王切開率は一九・二パーセント（病院二四・一パーセント、診療所一三・六パーセント）となりました。

けれども、診療所であるこの正木産婦人科では、私の在籍中の帝王切開率はほぼ毎年一パーセント未満で、多い年でも二パーセントを超えたことはありませんでした。

❸ 異常出血への緊急対応

母体の異常出血は、母親の死の原因となる最も危険な症状で、適切な処置は一刻を争います。

ある日、私は、第二子を出産した直後の母親の出血に気づきました。一般的によく見られる産後の出血は、子宮の収縮不良によるものですが、子宮の収縮を促しても止まらない出血でした。〝もしや子宮破裂ではないか?〟と判断した私は、すぐ院長に診察を依頼しました。

これほどの出血であれば、応急処置をして病院に搬送になると思い、その指示を受けるつもりにしていましたが、院長は、診察するやいなや、薬剤投与を指示しながら、「奥の方を縫うから、動かないように」と、それだけ産婦に言い、黙々と縫合を始めました。どんどん出血は続きます。出産に立ち会った助産師と私は、産婦の状態を観察しつつそばで見守っているしかありませんでした。

無事に縫合を終えた院長が産婦に出血の原因を説明し、やっとやはり「子宮下部破裂」であったことがわかりました。もしかしたら、一分一秒を争う生命の危機の事態に、院長は病院へ搬送する時間はないと判断したのかもしれません。子宮の裂傷部位の縫合を、開腹することなく行った院長に、いのちを救うことを天職とする、産科医としての最高の技を見た気がしました。

第3章　人生に豊かさをもたらす出産

1　宇宙とつながるお産

❶ 至高体験

フリースタイル出産が始まってからしばらくたって、お産は、本来痛い辛いだけではなく「気持ちの良い」ことだとわかりました。母親が気持ちの良い「恍惚とした状態」になるのですから、誕生のときを迎える赤ちゃんにとってもそれは優しく心地の良い状態でしょう。誕生後すぐに笑みを浮かべる赤ちゃんもいます。母親と赤ちゃんは互いに影響し合っているのです。

そこで、お産が気持ち良かったという母親たちに、どんな体験をしたのか聴くと、「すっきりした感じ」とか、「会陰の灼熱感」を得た者が多く、さらには次のような体験を語った母親もいました（文献8）。

「夢を見ていました。夢の中で男の子が生まれて抱っこして、三歳くらいまで成長して、公園で遊んでいる場面になったら、本当に男の子が生まれたのです」

「上の子は、分娩台で上を向いて産みました。その時は〝産みます。頑張ります〟という感じだった。でも、いきみにくかった。四つんばいは〝生まれる〟という感じ。自分の身体は自然に動いて、赤ちゃんが自ら出てくる感じだった。私の知らない私かそれとも神か、誰かわからないけれど、いきむ時を〝今だ〟と教えてくれた。いきんでいる時、真っ暗な宇宙の中を登っていくような感じで、からだ全体がフワフワと浮いている感じだった。異次元の世界で、その場に居ないような感じだった」

「砂漠のなかのオアシスのように感じ嬉しかった」

「宇宙とか自然の流れに沿って、自然に子どもの力で生まれたような気がした。野性的で、動物的やなぁと思った」

「平常心を保ちつつ、次元の違うところに放り込まれたような感じだった。陣痛の波が来る直前に手が震え、声がもれ、違う空間にいる気がした。意識をしっかりしないと気を失うかもしれないと思った」

「自然の力がなければお産はできない。だから神頼み」

「赤ちゃんが出てこようとする力強さをすごく感じた。自分だけが頑張っているのではないという一体感があった」

「自分の中に動物的な本能を感じ、死ぬ時もわかるのだろうなと思った」

このようなさまざまな体験談から、これまで出産が宗教的にとらえられてきた意味がわかりました。

出産の際に女性は、神とつながるのです。

お産は、異次元とのつながりのときです。

出産とはなんと「神秘」的なものでしょう……。

人は「死」にゆくとき、あの世からお迎えが来るといいます。

見えない世界との交流があります。

臨死体験も光を感じる恍惚とした体験のようです。
人の「誕生」、そして、女性にとっての「出産」も同じです。

死と同様に、出産は、生まれてくる赤ちゃんも産みだす母親も、異次元世界の交流のなかで、痛みと苦しみと同時に光に包まれるような恍惚感を得る機会となるのです。

心理学者のアブラハム・マズローは、宗教的体験、神秘的体験、愛情体験、創造性の体験、美的体験などといった自己超越の体験を「至高経験」と名付けました（文献2）。そして、「女性の場合、悟りや啓示や洞察といった偉大な神秘的経験や宗教経験を体験しやすい方法で子どもを産むのが一番良い」といいます（文献1）。

出産は、女性にとっていのちがけの行為で、何より尊い人生最大の仕事です。神様は、女性に、出産時に最高の喜びを体験できるしくみを創って下さったのかもしれません。

❷ 祈りの空間

では、どのような条件下にある出産で、このような気持ち良さを感じるのでしょうか。共通しているのは、意識を集中できる静かな環境で、産婦自身が陣痛を感じ受け入れ、それに身をゆだね、胎児と一体になって出産に臨んでいるときです。産婦は意識状態が変わり、半分眠っているような状態になっています。

ここで、横向きの姿勢での出産場面をご紹介しましょう。

「フ〜ゥン、フ〜ゥン、フ〜ゥン、フ〜ゥン……」

陣痛の発作時に、陣痛の波に合わせていきみ、優しく胎児の下降を促す。

私も、呼吸のリズムに合わせ腰をマッサージする手に力を入れる。

マッサージをする手も肛門に添える反対側の手も、胎児の下降状態を触感でとらえている。

「は〜い、治まったら全部力を抜きましょう」

陣痛の波が去ったら全身の筋肉の弛緩を促す。

立ち会う夫は横向きに寝ている産婦と向い合せに座り、産婦の手を握る。陣痛間欠時には、二人ともつないだ手の力を緩める。目を閉じ、手を握り合ったまま、静かに次の波を待つ。私も産婦の背後でマッサージの手を緩め、じっと次の陣痛を待つ。

子宮収縮すなわち陣痛は、波のように周期的に、そしてリズミカルに押しては引いていく。陣痛を胎児の生まれるエネルギーととらえれば、産婦はただ、そこに身を委ね、赤ちゃんが通りやすいように狭い産道を緩め、陣痛の波に乗っていきみと休息を繰り返し優しく産みだせばいい。

産婦が緊張していると、全身に力が入り産道の筋肉も収縮するので胎児は狭い産道に締め付けられる。胎児は産道を通りにくいだけでなく、血流が悪くなり心拍にも影響がでる。そのようなときは、筋肉が弛緩しやすいように吐くことを意識する呼吸法を伝え、一緒にリズムを合わせて呼吸する。

どんなに痛みに苦しむ産婦も緊張が解けると意識状態が変化する。

リラックスしている産婦は浅い眠りに入る。

その場にいる夫も、同じように緊張が解れて居眠りをはじめる。

私も触覚を研ぎ澄ませるために閉眼するせいか、一緒に心地良さを感じ眠くなる。

陣痛のリズム、呼吸のリズム、分娩監視装置から発する胎児の心拍音のリズム、それらのリズムは産婦自身だけでなく立ち会う者おのおのがからだで感じ、その場を共有するものらがすべて一体となって誕生の空間……〈祈りの場〉……を作り上げる。

産道が緩むのでストレスが少なく、このようにして皆の祈りがつうじた赤ちゃんは、とても良い状態で生まれるのです。

2　心身の健康につながる幸せなお産

自分は一人ではなくて、誰かとつながっている、また、自然や宇宙ともつながっていて、つながっているところから力が出てくるような経験を、疫学者の三砂ちづる先生は「原身体経験」といいます。そして、出産時にこの体験をすることで、女性がより自らの力を信じ肯定的な生活（人生）を送ることのできるような「人生の変革」が起こり、母子関係や母子の心身の健康状態にも影響を及ぼすといっています（文献20）。

三砂ちづる先生は、助産院で出産した多くの母親が、助産院に置かれている感想ノートに、そういった変革につながる体験を記述していることに着目し、専門家たちとその感想文を分析し、身体に向き合い女性の人生の変革につながるような出産経験を「変革につながるような出産経験（Transforming birth experience: TBE）」として定義するための心理尺度（TBE-scale）を作成しました（文献21）。

その結果、出産時の女性が①あるがままの自分を表出し、②自分のからだの感覚がわかり、③楽しく幸せで、④宇宙や自然とのつながりを感じるような至福な体験（至高体験）に至り、⑤自ずと感謝が湧いてくるような経験ができたことよって「人生の変革」がもたらされることを確認しました。このように、TBE-scale のなかで至高体験の項目が抽出されました。

さらに、出産体験が、その後の母子関係や母子の心身の健康状態に及ぼす影響を明らかにするために、疫学者竹原健二先生たちによって、この TBE-scale を発展させた「出産体験尺度（The childbirth experience scale: CBE-scale）」が作られました（文献22）。

女性にとって出産はその後の人生や母子関係に影響するとても重要な体験です。それは、大田さんの出産と後のインタビューにも明示されていました。さらに大田さんの体験は、助産師の私にも変革をもたらし、正木産婦人科の出産環境の変革にまでつながっているのです。

それでは、どのような要因によって人生に豊かさをもたらす良い出産が体験できるのでしょう。それを明らかにするためには、たくさんの女性の体験を分析する必要があります。大田さんの体験が個人的な体験なのか、それとも他の母親との共通点があるのか、二〇〇七年九月～二〇〇八年一月の約五か月間に、産後の入院中の母親を対象にこの出産体験尺度 CBE-scale を使ったアンケート調査を行いました（文献６）。

このCBE-scale の質問項目は十八個の質問項目あります。表３－１に示すように、それらは「幸福」「ボディセンス」「発見」「あるがまま」という四つの因子に分類されています。「幸福」因子は、

表３－１　アンケートの質問項目

出産体験尺度

第１因子：幸福
- お産は楽しかったですか
- お産は気持ちよかったですか
- お産の間は幸せな気持ちでしたか
- お産の後すぐ，また産みたいと思いましたか

第２因子：ボディセンス
- お産の間，自分をコントロールできたと思いますか
- お産の間，自分のペース，リズムを感じられましたか
- お産の間，自分を信じることができましたか
- 自分らしいお産だったと思いますか
- お産の間，自分のからだの中で起こっていることがわかりましたか
- お産の間，気持ちはゆったりとしていましたか

第３因子：発見
- お産をしたことで，知らなかった自分に出会えたという気持ちがしましたか
- お産は自分をみつめることだと感じましたか
- お産の間，自分の境界がないような気持ちになりましたか
- 何か大きな力が働いていて，それに動かされているような気がしましたか
- お産の間，こんなこともしていたというように自分の行動に驚きましたか

第４因子：あるがまま
- お産の間に自然に出てくる声を無理に抑えずに出せましたか
- お産の間，喜怒哀楽の感情をそのまま出せましたか
- お産の時にありのままの自分を出せたと思いますか

その他
- リラックスできていたと思いますか

（出所）竹原・野口・嶋根・三砂：民族衛生73(6)，2007より（一部補足・修正）．

幸福感を味わう体験ができたか、「ボディセンス」因子は、お産の間に、身体の中で起こっていることを感じ取り、自己の持つ力を信じ委ねることができたか、「発見」因子は、自己を超越したより大いなる力を感じ出産をとおして新たな自分を発見できたか、「あるがまま」因子は、湧き上がる感情を自然に出せた体験かを表しています。

なお、TBE-scale には、「至高体験」因子がありますが、抽象的な質問項目なので対象者には答えにくいと考えました。そこで、至高体験に関しては、インタビューを行い、この調査には CBE-scale を採用して分析しました。

私は産婦がリラックスできていたかどうかが出産体験に影響すると考えていましたので、アンケートには、CBE-scale の十八項目に「リラックスできていましたか」という質問項目を追加しました（表3－1）。そして質問に対して「はい」「いいえ」「?（質問の意味がわからない）」のどれかに○をつけてもらい、「はい」と答えた項目を一点とし、CBE-scale は十八点満点で得点を出し、点数が高いほど、豊かな出産体験ができたと評価することにしました。

調査期間中に出産した母親は二二七人、そのうちアンケートに有効な回答が得られたのは一七三人でした。アンケートに回答をいただけなかった母親五十四人の中には異常産で医療介入を受けている母親が多く、異常産の場合はこのアンケート内容には答えにくかったことが考えられました。期間中に帝王切開で出産した母親が二名いましたが、二名とも回答がありませんでした。対象者の詳細につ

表 3 - 2　調査対象者の属性

母親に関する項目（N＝173）

平均年齢（歳）　30.3±5.2

分娩歴（人）

- 初産婦　83（48.0%）
- 1 回経産婦　54（31.2%）
- 2 回経産婦　31（17.9%）
- 3 回経産婦　4（ 2.3%）
- 4 回経産婦　1（ 0.6%）

児に関する項目（N＝176）

性別（人）

- 男児　99（56.3%）
- 女児　77（43.7%）

在胎日数（日）　277.8±8.0

出生体重（g）　3087.1±382.7

助産師に関する項目（N＝146）

各助産師の分娩介助数（人）

助産師 A 37　助産師 B 16　助産師 C 29

助産師 D 38　助産師 E 26

出産に関する項目

分娩体位（人）（N＝173）

- フリースタイル　55（31.8%）　非フリースタイル　118（68.2%）
  - 四つんばい　12（6.9%）　座位　118（68.2%）
  - 側臥位　38（22.0%）
  - 仰臥位　5（ 2.9%）

医療介入（人）（N＝173）　有　33（19.1%）　無　140（80.9%）

- 帝王切開　0　誘発分娩　9
- 吸引分娩　3　促進分娩　23

会陰裂傷（人）（N＝173）

- 縫合無　24（13.9%）　自然裂傷縫合　127（73.4%）
- 会陰切開縫合　22（12.7%）

ハイリスク要因（人）（N＝173）　有　10（5.8%）　無　163（94.2%）

- 前回帝王切開　3　骨盤位　4
- 双胎　3

設問「リラックスできた」（人）（N＝161）

- はい　68（39.3%）　いいえ　93（53.8%）

（出所）　市川・鎌田：母性衛生50(1)，2009より．

いて表3－2に示しています。

まず、フリースタイル出産が豊かな出産体験の要因になると予測し、出産時の体位によってCBE-scaleの合計得点の平均点にはどのような差があるか比べました。正木産婦人科の分娩台は背中を三十度上げた半座位を基本としています。そこで、ここでは、分娩台で体位を固定した出産を「座位＝非フリースタイル出産」とし、その他の分娩台で体位を固定されない四つんばい、側臥位（横向き）、仰臥位（仰向け）を「フリースタイル出産」としています。座位のなかには、自分で分娩台を選んだ産婦も含まれますが、この調査では非フリースタイルで統一して分析しました。

その結果は、図3－1のように得点の高い方から、四つんばい、側臥位、仰臥位、座位の順でした。フリースタイル出産と非フリースタイル出産を因子別に比べたところ、フリースタイル出産は「幸福」因子、「ボディセンス」因子、「発見」因子の得点が高く、産婦は大いなる力に身をゆだね、からだの奥の感覚すなわち胎児の生まれる力を感じとり、わが子と一体となってお産を成し遂げたという実感が湧き幸福感を味わえたと考えられます。

次に、会陰に裂傷ができたかできなかったか、また会陰切開を受けたかどうかは出産体験にどのように影響するか調べました。CBE-scaleの合計得点は、図3－2に示す通り、自然に裂傷ができて縫

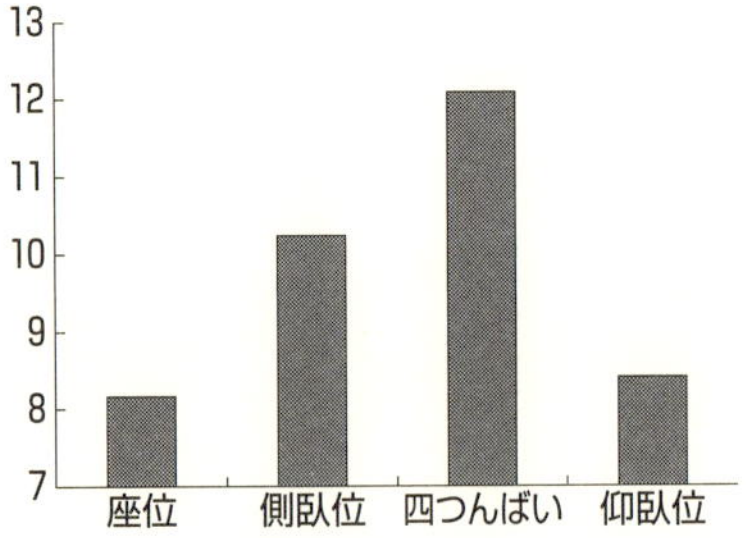

図 3－1　分娩体位別 CBE 合計得点の平均

（出所）　市川・鎌田：母性衛生50(1)，2009より．

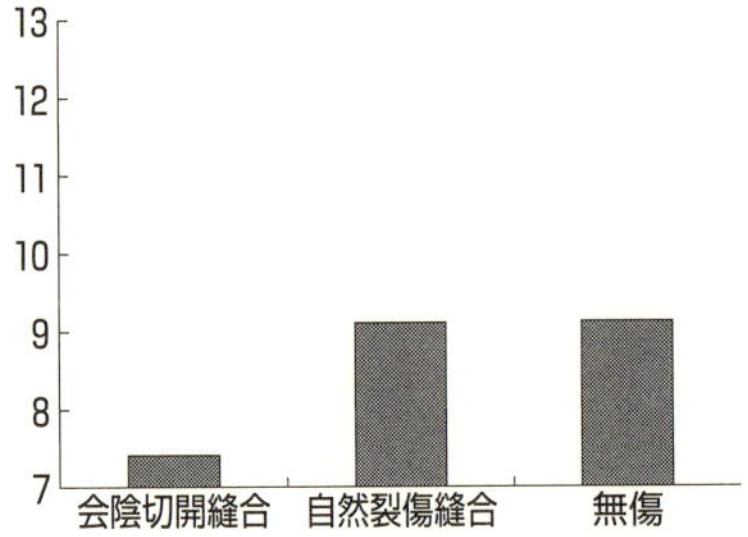

図 3－2　会陰縫合別 CBE 合計得点の平均

（出所）　市川・鎌田：母性衛生50(1)，2009より．

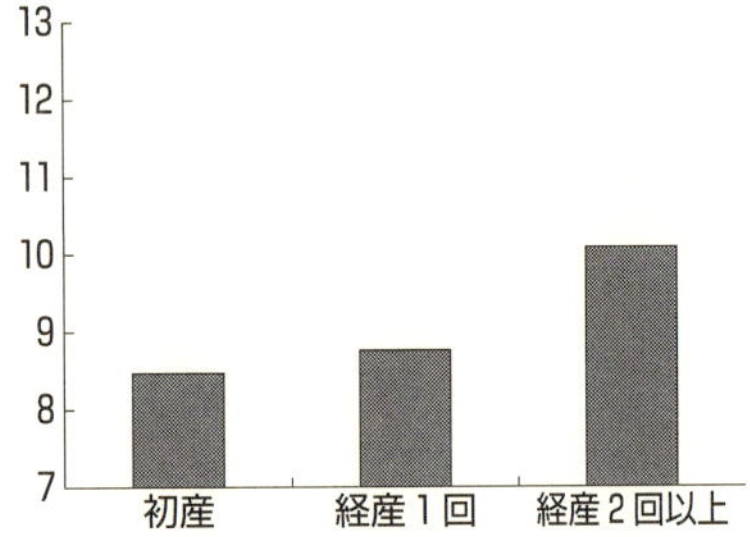

図 3－3　経産回数別 CBE 合計得点の平均

（出所）　市川・鎌田：母性衛生50(1)，2009より．

合した群と無傷の群に差はなく、会陰切開した群が会陰切開を受けなかった群に比べて低いという結果でした。また、会陰切開の有無で、「幸福」因子と「ボディセンス」因子に差があり、女性にとっては会陰に傷ができるか、また縫合したかどうかより、会陰切開を受けることに心身への影響があることがわかりました。産科医や助産師は、このような産婦の体験を認識し、会陰切開の必要性を判断することが重要だと思います。

また、正常産か異常産かで得点に差があるか、医療の介入（帝王切開・吸引分娩・クリステレル圧迫法・陣痛誘発剤使用）の有無で比べてみましたが、大きな差はありませんでした。これは、医療介入を受けた母親からのアンケートの回収率が悪かったことが関係しているのかもしれません。

現代の日本の少子化問題は深刻です。三人以上出産している人の割合は二〇〇六年の調査では一四・八パーセントでしたが、これに対して正木産婦人科は第三子以上の出産が多く、今回の調査対象者の二〇・八パーセントを占めていました。

CBE-scaleの幸福因子のなかには「お産のあとすぐ、また産みたいと思いましたか」という項目があります。豊かな体験は次の出産につながる可能性が高いので、合計得点は出産回数によって差が出るのか比べたところ、初産婦と第二子では差がなく、第三子以上の出産で得点が高くなっていました。これを図3－3に示しています。産婦が余裕をもってお産に臨み、味わい楽しむことができるようになるには三回以上の経験が必要なのかもしれません。そして、そのゆとりが心身ともにより豊かな体験となり、人生の変革へとつながるのでしょう。

前述したとおり、正木産婦人科は、一般的に帝王切開が適応される、骨盤位（逆子）、帝王切開の既往のある産婦、双胎（ふたご）の場合でも経腟分娩にトライしています。そこで、これらを、ハイ

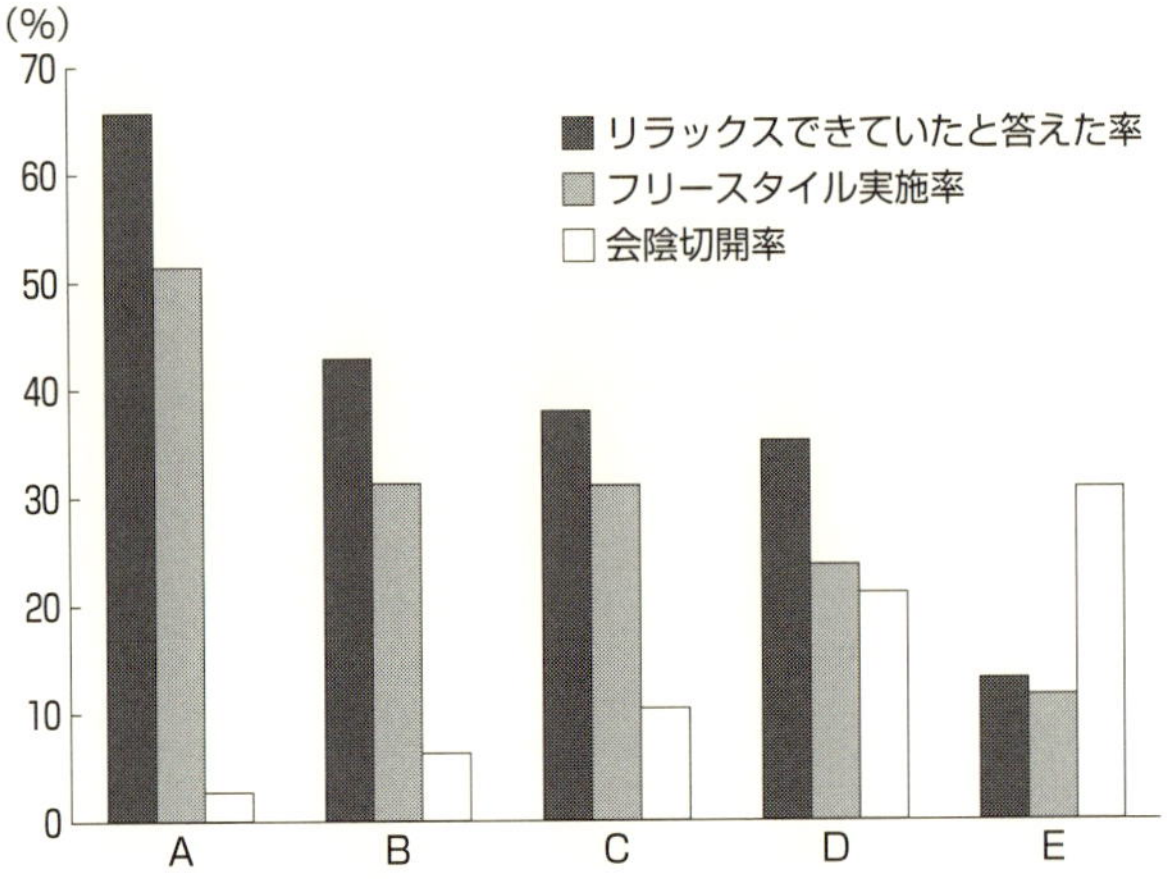

図３－４　助産師（A-E）の分娩介助とリラックスの比較

（出所）　市川・鎌田：母性衛生50(1)，2009より．

リスク要因としてあげ、ハイリスク要因の有無でCBE-scale の得点に差があるか調べたところ、ハイリスク要因のある人は得点が高く、因子ごとに比べると、特に、「発見」因子と「ボディセンス」因子の得点が高かったことが特徴的です。一般的に帝王切開になりやすいお産に対して、経腟分娩に臨むということは、自分と赤ちゃんに備わった産む力と生まれる力を信じるいのちがけの行為です。ですから、この力を発揮できた経腟分娩は、大きな達成感とともに、自分のもつ力を発見でき、至福な体験となったのではないでしょうか。

さらに、私は助産師のケアが産婦にリラックスをもたらし、それが出産体験に影響すると考えていましたので、分娩介助した助産師によって産婦のリラックスの状態に違いがあったかを調べたところ、助産師によってリラックスできたと答えた割合に差がありました。そして、産婦がリラックスできたと答えた割合の多い助産師は、フリースタイル出産の介助をしている頻度が高く、会陰切開の頻度が少ないことがわかりました（図３－４）。

産婦は、分娩体位を固定されること、会陰切開を受けることで緊張感が起こります。そして、呼吸法やいきみ方は、助産師のリードに従うことになるでしょう。勿論、会陰切開が必要だという判断も助産師が行うわけですから助産師主導のお産となっていることがわかります。しかし、お産の主体はあくまでも生まれ出る赤ちゃんと産婦であり、助産師は、産婦が安心してお産に臨み、心身を開放し赤ちゃんの生まれる力を受け入れられるようにケアしていく必要があります。

母親が出産体験を振り返る時「自分で産んだ」という達成感を持てることは自己肯定につながるので重要なことですが、それ以上に、「この子が（自分の力で）生まれてくれた」と、わが子の生命力を強く感じ取れる方が、深い信頼のもとに良い母子関係が築かれると思います。自分の力で生まれ良好な母子関係のもとに育つ子どもは、自立して生きるベースが出来上がるでしょう。そこには、ケアする者に、見守るとか信じて待つという姿勢が自ずと求められるのです。

このようにして、アンケート調査を行った結果、大田さんの出産体験は、多くの女性の出産要因と心理体験の関係に合致していることがわかりました。大田さんが改革した正木産婦人科の出産環境は、多くの女性の豊かな出産につながったといっても過言ではないのかもしれません。

3　三児を出産し助産師になった女性の出産体験

私は、人生の豊かさにつながるお産を豊かな出産と考えています。前に紹介した大田さんは、正木産婦人科の出産環境を改革するほど、周囲へ大きな影響をもたらしました。出産体験が人生にどのように影響するかは、人それぞれ違います。

ここでは、三児を出産し、自ら体験した良いお産を多くの女性に体験して欲しいと助産師を目指した女性の出産体験を紹介します。

二〇〇三年　夏

外来診療を終えた夕刻に、何か相談があるということで、正木産婦人科で三人出産した深田さん（仮名）が来院されました。

「市川さん、今日はちょっと相談があって来ました。実は私、助産婦になろうと思って」

「えっ、助産婦に？」

「そう、私、〝正木で子どもを三人産んで本当に良かったな〟って思っていて、自分も良いお産のお手伝いができる助産婦になりたいと思うようになったんです」

「でも、子どもさんいくつになった？」

「一番下は、まだ一歳になったところ。あと、真ん中が四歳。上が六歳で今年から小学校」

〝一歳の子どもを抱えて、学校に通えるのだろうか？〟と思うけれど、深田さんはかなり真剣な様子です。

「それで今日は、助産婦さんってどうやったらなれるのかを教えてもらおうと思って来たんです。助産婦さんになるには、先に看護婦にならないといけないのですよね。どういうルートがあるのですか？」

二〇〇二年、法律改正により〝助産婦〟の名称が〝助産師〟となっていました。また看護教育の四年制大学への過渡期でもあり、助産師教育は大変複雑になっていました。

「今看護教育は、専門学校や短大から四年制の大学でされるように変わりつつあるときなの。問題は、新しくできた大学で助産師を養成するようになったことで、大阪では助産師学校があちこち閉校になり定員が減っているの……」

説明しながら、今の複雑な教育のあり方と、それによって生じる助産師養成数の定員の削減に憤りを感じつつ、まだ小さい子どもさんを育てながら助産師になりたいと言う深田さんが学べそうなルートを提示しました。

そして、意欲的な深田さんは、翌年正看護師養成の看護専門学校へ進み、助産師への道の第一歩を踏み出しました。

二〇〇七年 秋

順調に看護師の資格を取得した深田さんは、一年課程の助産師学校に進み、その時、子どもさんたちは、十歳、八歳、五歳になっていました。そこで、私は改めて、なぜ、助産師を志したのか、三回の出産はそれぞれどういった体験だったのか、出産体験はその後にどのように影響したのか、インタビューしました。

まず、最初に三人の出産はそれぞれどのような出産だったか聴きました。私は第一子と第三子の出産に立ち会っています。

一人目の出産の時には、もうフリースタイル出産は始まっていたけれど、希望者だけで、自分は希望しなかった。夜中に陣痛が始まって診てもらいに来たけど子宮口がなかなか開かなくて、三回自宅に帰らされた。呼吸法によるリラックスができなくて、どうしたらいいのか分からなかった。夜中には助産師さんがいなかったからだと思う。朝来た時は市川さんがいて、子宮口が四センチになった（開いた）ので入院した。しばらくして、分娩室の分娩台で内診してもらい、いきんでみたら赤ちゃんが下がってきたので、もう体位は変えずにそのまま産んだ。産んだら、膣壁に血腫ができて先生が切開・縫合してくれた。

二人目の時は、妊娠中に貧血があったけれど、お産は楽で、四つんばいで三回いきんだら出た。出血が多かったり恥骨結合が離開したりと、後が少し大変だったけれど、赤ちゃんはあまり泣かず、よく飲んでよく寝る育てやすい子だった。

三人目のお産は最高だった。陣痛と陣痛の間に眠れた。熟睡する余裕があってしんどくなかった。陣痛がひどくなっても、呼吸法でリラックスできたし、あわてず冷静だった。四つんばいで産んで、直ぐに座って抱っこできたし、余裕があってしんどくなかった。

一人目の仰向けで産んだ時は、やっぱりしんどかった。なんかこう、体勢に無理があるというか、ほんと、産んだ後にもう二度と産みたくないって思った。一人目は、何が良いのかわからないので、なされるがまま仰向けのままに産んでしまって、しんどい思いしか残ってない。

二人目三人目を四つんばいで産んで、からだに無理がないというか、自然な形かなと思った。痛いのは確かに痛いけど、仰向けのときの、なんか理不尽な痛さとは違った痛さだった。仰向けの時は、なにかに逆らってしんどいと、からだが感じていたような気がする。

二人目を四つんばいで産んで初めて、〝あ、あの体勢（仰向け）は間違っていたな〟って、からだが感じた。だから、三人目は、絶対に四つんばい。仰向けなんて考えられなかった。

四つんばいだと、陣痛の波がわかって、〝今はいきみ時や〟とか、〝今は力を抜く時〟っていうのが、自然とわかったけど、仰向けの時は、ずーっといきみっぱなし。どこで力を抜いていいのかわからなかった。「今陣痛きていないから、いきまなくていいよ」って、言われないとわからなかった。四つんばいだと、陣痛がきた時だけにいきみをかけることができて、陣痛がきていないから普通の呼吸でいいというのが、頭で考えるんじゃなくって、からだが勝手にできていたように思う。

それと、赤ちゃんが下りてくるのが自分で感じられた。だから、〝あ、もうちょっとやなあ〟とか、〝あ、今頭出ているなあ〟とか、〝あ、ここを通り抜ければ楽になるなあ〟とか、そういうのが自分でわかって、だから産みやすかったような気がする。

自分のからだが動くように、感じるようにしていたと思うけど、陣痛自体が赤ちゃん自身からのサインっていうのを知って、自然とこう自分のからだが感じて、そういう風にしていたのかなあと思う。


深田さんは、このようにして、第二子と第三子を四つんばいで出産されました。出産の回数を重ねるごとに余裕が出てきたことがわかります。そこで、次に、出産体験が育児や母子関係に影響しているか聴きました。


一人目は初めてで、不安がいっぱいだった。

二人目を産んだときはお産が楽で、二人目がかわいかった。

三人目ができて、お産が楽で子育ても楽になった。だから大きい気持ちでいられる。子どもを待ってやれる、許せる、この子はこういうペースなのだと認め、親のこうあるべきという思いを押し付けずに育てられる、子どもを尊重してやれる、そういう育児ができてかわいい。それは、子どもが一人では分からない。

上の子は、初めてで、こう育って欲しいとか、お姉ちゃんだから……とか親が思って、神経質に育つ子が多い。私もリラックスして育児ができていなかったと思う。

だけど、一番お母さんと一緒に居る時間が長いのは上の子。下になるほど短い。それで、帳尻は合っていると思う。

三人目が一番かわいいのは、自分に余裕があるからだろうとか、末っ子の男の子だからだろうかとも思っていた。

だけど、ある母親から聞いて納得したことがある。

それは、〝お産が最高だった子が一番かわいい〟ということ。

その母親は、それを二人目で経験したらしい。

私は、自分なりに色々思っていたけれど、お産が最高だった子が一番かわいいという話を聞いて〝やっぱりそうだったのだ〟と思った。

このように、深田さんは三人目がかわいいと感じることの意味を自分なりに考えていたものの、「お産が良かった子がかわいい」ということを他の母親から聞き、自分も納得したようです。そこで、助産師になった動機について訊ねたところ、このように言われました。

私は、三人目のお産が一番良かった。

こういうお産を一人でも多くの人にして欲しい。

女性に子どもを産む喜びを知ってほしい。母乳で育て育む喜びを知ってほしい。そんな幸福感を味わってほしい。

子育てはしんどいけれど、子どもから得られるものがあることを知ってほしい。


そして、一呼吸おいて、次のように話されました。


人は何のために生まれてくるのだろう……？

人間って、なんで存在しているのか分からずに暮らしている。

私は、兄がいて小さい時から、自分も男に生まれたかったと思いながら育った。

だけど、人を好きになって親に感謝し、
子どもを産んで初めて〝女に生まれて良かった〟と思った。

人として生まれてきて、成長して、人生を全うして死んでいく。

そのなかでは、しておくべきことがあるはず。

〝待つこと・許すこと・相手があって自分が育つこと・子どもに成長させてもらっているということ・自分が得られるものがあるということ〟を、多くの人に知ってもらい、経験してほしい。

そういうことは、子どもを産んで育てなければ分からない。

結婚しない・子どもを産まない……そんな選択もあるのかもしれないけれど、結婚して、子どもを産むことは大切なことだと思う。


喜びを感じられるお産をしたら、また子どもが欲しくなるんです。せっかく女性に生まれてきて、お産を経験ができて、子どももかわいく思えて、また産みたいって思える、それを感じて欲しいなという思いが一番強い。

そうしてみんなが一人でもたくさん子どもを産むと、世の中も子どもが増えていく。

子どもがいない社会に未来はないので、伝えていかないといけないと思った。


身近な友達とか近所のお母さん達に聞いても、お産って痛い、辛い、苦しい、とそんなイメージしかなくて、もう二度と産みたくないっていう人が結構多くて、そんな話を聞くと悲しいし、かわいそうです。この人良い経験できていないんやなって思った時に、良い経験させてもらった私は、これを絶対伝えないといけないんやって。

どんな辛いことでもそれを乗り越えた時に、すごい自信になる。お産は子育てにも、先の人生にも大きくつながっていくほど重いものというか、大げさだけど、その後の人生が決まるほどのものだと思う。
お母さん自身が良いお産をすると、その思いはその子ども、娘とかにも伝えていけると思うので、それをつなげていきたい。

女性として生まれてきて、一人の女性が子どもを産める期間は決まっている。せっかく女性として生まれてきた以上、女性にしかできないことを経験してほしい。そして、自分がそうすることとは、今までともこれからとも、自分の子ども、孫へと、ずっとつながっていることを知ってもらいたい。
〝女に生まれて良かった〟と思ってもらいたい。

深田さんは、三人の子をもうけ、出産と育児をとおして、子どもを産み育ていのちをつなぐ女性の喜びを知ったようです。そして、それを、これから出産する世代の人に伝えていくために、助産師への道に進んだのです。三人の子育てをしながら、助産師学生として学ぶ深田さんの思いを聞き、豊かな出産体験とは、自分の人生の変革につながるのみならず、多くの人の、そして社会の幸せにつながる出産だと思いました。深田さんの助産師としてのご活躍は頼もしい限りです。

4 助産師学生に刷り込まれたある一夜のお産

二〇〇七年 秋

「ドッドッドッドッドッド……」

〝あ、誰か分娩室に入っている。今日もお産がありそうだ〟

〝今夜は助産師学校の実習生が来る日のはず。お産があって良かった〟

十六時、日勤から当直へ、助産師は勤務者の交代の時間です。

今夜当直の私が分娩室に入ると、まだ余裕のある表情の産婦が分娩台に乗って分娩監視装置を装着され、助産師が、分娩の進行と胎児の状態を観察していました。

「三十七週〇日のふたご（双胎）ちゃんです。三回目のお産で子宮口も開いてきているし、もう直ぐ生まれると思います。下の子が頭位で、上にいる子が逆子です。この前の健診で、二人とも推定体重二四〇〇グラム位です」

日勤の助産師から、そう引き継ぎを受けました。

〝今日の学生はふたごの分娩見学ができる。ラッキーな学生だ〟

「それで、いつ入院されたの？」

「今来られて、モニター（分娩監視装置）をつけたところです」

- - -

産婦さんの表情に余裕はあるものの、陣痛計の波形では、陣痛は徐々に強くなっている様子。

「フ～ゥ、フ～ゥ、……」呼吸法で、痛みを逃す。

「妊娠中の経過はどうでしたか？」

「むくみが出てきたけど、特に何もなかったです」

「今までの出産は、軽かったですか？」

「はい、二人ともわりと早く生まれています」

「伊田さん（仮名）、内診させて下さいね」

〝余裕ありそうだけど、確かにもう子宮口は八センチ開いている……〟

「今で子宮口は八センチ開いています。まだ赤ちゃんの頭の位置は高いけど、いきみたくなりますか？」

「まだ、そこまでではないです」といいながらも、体勢が辛いのか腰をくねらせている。

「ぎりぎりまで、横向いていてもいいですよ。どうしますか？」

「大丈夫です。このまま頑張ります」

院長の指示を受けて、私は産婦の左前腕にブドウ糖の点滴を入れた。ふたごの出産の場合、第一児誕生後すばやく第二児を娩出させるため、ときによっては陣痛促進剤を使用する必要があるためだ。

ずいぶん表情が辛そうになってきた。

「いきみたいですか？」

「はい、少し」

「じゃあ、フ〜ゥン、フ〜ゥンのリズムで、ゥンの時少しいきんでみましょう」

「痛くなってきましたね。はい、フ〜ゥン、フ〜ゥン、…」


ここに、ある助産師学校の実習生が分娩見学のため、物音立てずに分娩室に入ってきました。

〝あっ、胎砲（赤ちゃんを包む膜）が見えそう。そろそろ、先生呼ばないと……〟

と思うやいなや、院長が来室しました。


「どうですか？」

「胎砲が見えてきたけど、まだ頭の位置は高いですねぇ」

「背中をベッドにしっかり着けて、お尻を天井に向けるようにいきんで下さいよ」

「はい、フ～ゥン、フ～ゥン」

……バシャ‼　破水だ。

「それじゃあ、アトニン入れて」

看護師は、点滴の中に陣痛促進剤を入れて、速度を調節した。

「フ～ゥン、フ～ゥン、……」

「頭が見えてきましたよ」

「フ～ゥン、フ～ゥン、……」

「出てきた、出てきた」

「次は、いきまず、フ～だけね。はい、フ～、ゆっくりフ～、フ～、……」

ニュ～ゥッ！

「お顔まで出ましたよ、次の陣痛で生まれますよ。次もいきまないで下さいね」

「はい、フ～、ゆっくりフ～、フ～、……」


ツルン!!

「お腹に乗せますね」

「オギャァ、オギャァ」

「イヤー、かわいい！　あ、男の子や」

母親のお腹の上で、付き添いの実母が臍帯を切断し、母親が赤ちゃんに没頭している間に、私は内診して、次の子の進行を把握した。

逆子で生まれる第二児のおしりが見えてきたのでここで分娩介助は院長と交代だ。

看護師は母親のお腹の上で腹這いになっている第一児を一時ベビー室に預かった。

手袋を脱いだ私は、分娩室の片隅でじっと経過を見ていた助産師学生に近づき耳打ちした。

「逆子のお産はめったに見ることできないから、しっかり見ておいてね」と。

「フ〜ゥン、フ〜ゥン、……」

「いよいよ最後。逆子は一気に出すから、次は大きく息を吸い込んで思い切りいきんで下さい」

「はい、大きく息を吸い込んで、ウーン」

ツルン‼

院長は、器用な手つきで逆子の赤ちゃんを取り上げ、お腹の上に直ぐ乗せた。

「オギャァ、オギャァ」

「イヤー、かわいい。あ、また男の子だね」

胎盤娩出後、院長は子宮の収縮状態と会陰の傷を確認し、満面の笑顔でこういった。

「上手に頑張ったから、縫う傷はないですよ。おめでとう」と。

こうして、入院してからたった二時間足らずのふたごの出産は、大安産にて無事終了し、学生と共に長い一夜が始まった。


正木産婦人科は、その年からある助産師学校の実習の受け入れ施設となっており、その夜は分娩介助実習を行なうために学生が当直に来ていたのです。

「学生さん、えっと須藤さん（仮名）でしたっけ。まだ今日の行動計画聞いてなかったね」

「はい、私は全然お産に当たらなくて、もし今夜あったらそれが一例目です」

「えっ、まだ一例も介助してないの？」

「はい、私だけ遅れていてまだなのです。だから、今日はお産がありそうって聞いて楽しみに来ました」

「それで、いきなりふたごちゃんのお産の見学ができたの？　しかも、逆子のお産まで見れて、なんとラッキーねぇ」

「ええ、今までの実習で、お産の見学はしました。そこは大学病院だったので異常が多く、三例見学してその内の二例は、お腹押して吸引分娩でした」

「三例中二例が吸引分娩？

正木では吸引分娩は年間に五件もないんですよ。

それじゃあ、さっきのふたごちゃん見てビックリした？

お母さん、すごく頑張っていたものね。それに、赤ちゃんかわいかったねえ。

お産の後、二人で同時におっぱい吸って……」

「もう感動しました」

「でもね、ふたごちゃんは一応異常産だから、分娩台に乗ってもらって、点滴もするし、呼吸法だってこちらが誘導したじゃない、だけど、例えばフリースタイルで、こちらがほとんど何の指示をしなくても自ら産むお産をする人もいっぱいいるのよ」

「えっ、もっと主体的なお産があるということですか？」

「ん、そうそう、主体的なお産があるの」

「えー、そうなんですか？」

「とにかく、たぶん今夜はお産がありそうだから、楽しみにして、一例目頑張って介助しましょう」

「それじゃあ、実習の行動計画書を見せてください」

「はい」


そして、二十二時前、実習生の須藤さんにとって初めての分娩介助となるお産がいよいよ間近になりました。

＊＊＊＊＊

「水野さん（仮名）どうですか？ いきみたい感じ出てきました？」

「陣痛が来たら、いきみたくなります」

肛門に手を当てると、陣痛発作時には抵抗を感じる。児頭は直ぐそこまで降りてきていそうだ。

「それじゃあ、分娩室に入りましょう」

「学生さん、準備してね」

初産婦の水野さんのお産が間近になって、分娩室へ入ることになった。


「水野さん、さっきまで、お部屋で横になっていたけど、どの姿勢でいきみたいですか？」

「横向きがいい」

そういって横になり、夫は、水野さんの前に座って手を握った。

「水野さん、心音聞かせて下さいね」と、実習生の須藤さんは心音聴取を試みる。


「ん……？」


「須藤さん、心音はもっと下。恥骨の上辺りで聴いてみて」

と、須藤さんがドップラー（胎児の心拍を聴取する器具）を持つ手に私は自分の手を添え、胎児の心音を聴取した。

「ドッドッドッドッド……」

「もう聴取できる位置も恥骨の上。おりものも粘っこくドロッとしたものが増えてきたから、生まれそうね。いきみたいとき、いきんでいいですよ。ただ、ちょっと膝を曲げて、あごを引いておへそを見るように体を丸くすることだけは、頑張ってやってね。そうしないと、頭が恥骨に引っかかって出てこられないからね。それと、一番大事なことは、体の力を抜いてリラックスすること。陣痛がおさまったら、フ～と息を吐いて体の力を抜いていてくださいね」

須藤さんは腰をマッサージしようと水野さんの後ろにまわった。

「水野さん、陣痛が来たら、〝フ～ゥン、フ～ゥン〟のリズムでいきみましょうか。フ～の時は息を吐きながらからだの力を抜いて、ゥンで肛門の方に向かっていきんでくださいね」

「須藤さんは、片手を肛門に当て、反対の手は腰をさするの。水野さんの呼吸のリズムに合わせて、フ～のときは優しく腰から下に向かってなでるようにさすって、ゥンのときはこのあたりを押してあげて」と、

水野さんには、リラックスといきみの方向を、

学生の須藤さんには、マッサージ方法をアドバイスする。

「はい、フ～ゥン、フ～ゥン、…。フ～はゆっくり…」

夫は、ゥンのリズムで強く手を握る。

徐々に、水野さんと須藤さん、そして夫のリズムが整ってきた。すると、水野さんは安心し、陣痛の間欠時にはうとうとと眠っている様子。

陣痛の波が来たとき（発作時）には、フ～ゥン、フ～ゥンのリズムで努責し、間欠時にはうとうとしながら寝息をたてている。

「須藤さん、水野さんの様子をよく見てね。リラックスして眠っているみたいでしょ？　いいホルモンが分泌しているはずよ……。お産に大事なホルモンよ。お産が終わって、ゆっくりお話しするね」

と、私は須藤さんの耳元で、そっと囁くように言った。

そうしているうちに、水野さんは、発作時に脚を開きたくて、上の脚の位置を探るようなしぐさを始めた。最初は私が膝を支えていたけれど、そのうち、発作時に自分の手で膝を抱え込むようになった。そうすると、間もなく児頭が奥の方にチラッと見えた。

「赤ちゃんの頭が見えてきましたよ」

いよいよ生まれそうなので、須藤さんは手洗いをして、緊張しながら滅菌ガウンに手を通し手袋もはめた。

赤ちゃんの頭が見え隠れし、会陰を保護（裂傷を防ぐために行うケア）する須藤さんの手から緊張が伝わってくる。そんななかでも水野さんはお産に集中できており、分娩室の中は優しい空気に包まれている。

看護師も来たので、私も滅菌手袋をはめた。須藤さんには、発作の度に会陰保護のポイントを説明するが、まだ、基本に習う仰向けの姿勢の分娩介助の経験もない須藤さんは戸惑っている様子。

児の頭が会陰に挟まりそうになると、水野さんには

「なるべくいきまないでゆっくりと出してあげましょう」

と声をかけ、

児の頭と顔が全部出て、次の陣痛でゆっくりと全身が生まれ出た。

元気に生まれた赤ちゃんを見て安堵している須藤さんから、私は赤ちゃんを受け取り水野さんの胸に預けた。

水野さんが、抱っこしたわが子に声をかけている様子をみた須藤さんは、わずかな笑みを浮かべていた。

初めての分娩介助で、優しい空気に包まれた自然なお産のお手伝いができた須藤さんからは、緊張

して上手く介助ができなかったと反省はしているものの、どことなく満足な様子が伺えました。

彼女の技術は全く初めての分娩介助なので当然未熟でした。これまで学校で練習してきた仰向けのお産の介助ではないので、赤ちゃんがどのように出てくるのかイメージもつかず、なおさら、大変だったようです。しかし、助産師に必要なのは、赤ちゃんを取り上げる分娩介助の技術だけではありません。お産の場の優しい空気を一例目にしてしっかり感じ取ったなら、良い助産師になれるはずです。

だからこそ、これからひとつひとつのお産を大切にして、まずは基本的な知識と技術をきちんと習得して欲しい。今日のこの一例目のお産を忘れず、〝良いお産とはいったいどんなお産なのか〟を追求できる助産師になって欲しいと願わずにはいられませんでした。

無事に分娩介助を終え、何とか後片付けや記録も終わり反省会をしようと思っていた矢先に、また一人の産婦が〝陣痛が強くなった〟と来院されました。気が付けば、もう、外は白々と明るくなり、夜明けも間近な時間になっています。分娩の進行状態を把握するために、まず診察室で内診をしようとしましたが、学生の須藤さんは、今日までその経験もなかったらしく、来院した日野さん（仮名）に戸惑いながら内診をしました。

入院してきた日野さんも、初めての出産ですがとても有効な陣痛があり、順調に進みそうな気配です。病室には行かず、そのまま分娩室で経過を看ることになりました。しかし、学生は、一晩の実習で一例しか分娩介助してはいけないという決まりがあり、今度は私が分娩介助をして、須藤さんは見学することになりました。

分娩監視装置を装着し、胎児心拍と陣痛の状態を観察しました。胎児に異常はないので装置をはずすと、日野さんはやっと行動の制御が取れ、自由になったと言わんばかりに体を動かしました。

そろそろ、いきみたい様子。

「うつ伏せになりたいのですか？」という私の問いかけに、

「いいえ、このまま（横向き）がいいです」といいながらも、やはり落ち着かないようだ。

そして、何度かの陣痛の後、とうとうしゃがんでうつ伏せになった。

体位が決まると、あとは陣痛の波に合わせていきみ、スムーズに赤ちゃんは生まれ出た。

直ぐに日野さんが抱っこして仰向けになり胸に抱くと、赤ちゃんはあっという間に自らおっぱいを吸い始めた。

「わぁ、もうおっぱいを吸っている！」と言う日野さんの喚起の声……。

「あら、ほんとにすごいねぇ、正木では、カンガルーケアはしていても、こんなに生まれてから短時間で、自分からおっぱいを吸いに行く赤ちゃんは珍しいのよ」と、私も驚き、日野さんと須藤さんにそう説明した。

こうして、長い一夜が明けました。

「須藤さん、全く一例の分娩介助もしていないと言っていたのに、昨夜はとても濃厚な夜だったわね。まず、ふたごちゃんなんて、年間に一～二件だけしかないし、おまけに逆子も見学できたね。そして、一例目の分娩を側臥位で介助して、その後、四つんばいのお産も、見学しただけではなくて、赤ちゃんが自らおっぱい吸ったのも見ることができたよね」

「なんとも貴重な経験を一晩でできて、本当に良かったね。正木だってこんな日はめったにないのよ。今まで当たらなかったのは、まるでこの日のために取ってあったみたいね」

「市川さん、水野さんのお産の時言われていたホルモンって何ですか？」

「あぁ、よく覚えていたね。あれはたぶんエンドルフィンだと思う。このホルモンはね、痛みを和らげて安らぎ感を生み出し、時間と場所の感覚を変える働きがあるみたいなの。産婦さんを見ていると、陣痛の間欠時にはうとうと眠っているようで、発作が来ると自然に陣痛の力に合わせていきんでいるの。なんだか、自分の世界に入り込んでいるというか、どこか違う世界に行っているように見えるのだけど、そうなっていくお産って、穏やかでスムーズで、ついている私も気持ちが良いのよ。あと、お産には、愛情ホルモンともいわれるオキシトシンも関係しているのだけれど、産婦さんをリラックスさせてあげて、いっぱいこんな良いホルモンが出るようにしてあげたいなって、いつも思っているの」

「あ、思い出しました。矢島先生の『フィーリングバース』（文献23）という本を持っているのですが、そんなことが書いてあったように思います」

「お産ってね、お母さんには産む力があって、赤ちゃんにも生まれてくる力が備わっているのよ。助産師って、産ませてあげる人ではなくって、いかにその力を発揮できる環境を整えてあげられる人なのかだと、私は思っているの。例えば、会陰保護の技術は大事よ。助産師として一番基本の技術だから。でもね、お母さんにとったら、助産師が会陰保護をするために仰向けに寝てお産させられるのと、自由な体位でお産するのとでは満足感が違うと思うの。自分の体で感じて分かるお産って気持ちが良いのよ。また直ぐに産みたくなるのだからね」

「気持ちが良くって、また直ぐに産みたくなるのですか？」

「そう。お産ってね、絶対に痛くて苦しいだけのものではないの。〝何ものにも代えがたい幸せな出来事であるはずだ〟って私は思っている。母親ってね、誰も皆、自分のお産って何人産んでもいつまで経っても忘れないものよ。だから、幸せを感じてもらえるお産のお手伝いができたらいいのになって、いつも私は思っている。それが、何年経ってもそう簡単にはいかないのが難しいところなのだけれどね。でも、だから、助産師の仕事って奥が深くて面白いよ。これからの学生さんには頑張ってもらわないとね。あら、ごめんなさい、反省会しなくちゃいけないのに余談ばっかりしてしまったね」

「助産師の仕事は、〝奥が深くて面白い？〟」

「そう、面白くって、本当に良い仕事よ。楽しみね。じゃあ、反省会しましょうか」

須藤さんの顔は、昨夕初めて会った時から、一晩の間に徐々に穏やかになっていきました。

それにしても、昨夜は濃い一夜でした。実習生にしても初めてなら、実は私も助産学生の分娩介助の指導は初めてのことだったのです。何しろ、学生の実習受け入れ施設で働いた経験がなかったのですから。

ふたごの出産をされた伊田さんと、初めての出産をされた水野さんと日野さんはどんな子育てをされるのだろう？

須藤さんは、どんな助産師になって活躍されるのだろう？

須藤さんは、この一夜で、一般的な病院ではほとんど見ることのできない三つのお産（双胎、骨盤位、横向きと四つんばいのフリースタイル出産）で、四人の赤ちゃんの誕生に立ち会い、一人は自分で介助しました。

これから、助産を学ぶ須藤さんにとって、初めての当直で学んだのがこの一夜のお産です。刷り込み現象という言葉があるように、彼女には、この夜のお産が刷り込まれたようです。その後、自然なお産を手伝う助産師になる希望を胸に、助産師学校を卒業していかれました。

第4章　いのちの誕生と大いなる力

赤ちゃんの生まれる日・生まれる時間、そのタイミングはどのように決まるのでしょう？

出産を控えた妊婦やそのご家族にとって、新しい家族がいつ誕生するかは、お母さんと赤ちゃんの健全な出産への願いとともに最大の関心事です。けれども出産予定日に生まれる赤ちゃんは稀です。正木産婦人科は、予め出産の日程を決めて行う帝王切開や計画出産はよほどの事情がない限り行っていないので、人為的に誕生の日や時刻が決められることはほとんどありません。自然の出産では、妊産婦さんやそのご家族も、医師・助産師・看護師などのスタッフも、赤ちゃんが生まれる「時を待つ」ことを強いられます。そうして、自然に生まれる時を待つお産に関わるなかで、私は、さまざまな偶然の一致が起こることを知りました。

私は、女性の豊かな出産を調べるために、アンケート調査や至高体験を聴きとるなどしてきましたが、ある時、母親やそのご家族が自ずと語る体験内容が、不思議な偶然の一致に関する内容だと気づきました。

人が亡くなる際に、遠く離れた誰かのところに、例えば夢などをとおしてお知らせが行くなどといった共時性現象が起こることは、一般的に知られていますが、人が生まれる際の共時性現象については、認知されていません。しかし、人の誕生には死と同様に、見えない世界で大いなる力が働くのではないかと思います。

出産は、複数が同時に進行することが多く、出産の多い日と少ない日、そして時間帯にも波があります。満月や新月の日や、明け方にお産は多い、低気圧の時にお産は多いなど、一般的にいわれるように月や太陽の引力や気象からの影響を受けることもあるようです。実際に、潮の満ち引き・月の満ち欠けがわかる月の暦カレンダーをナースセンターの壁にかけ、出産のあった時間に記をつけていました。その記録を見ると満月や新月の日に特にお産が多いのではなく、一日の中で、干潮に向かう時間より満潮に向かう時間帯にお産は多い傾向にあるようでした。そして陣痛促進剤を使わない自然出産は、昼間より夜間（特に明け方）に多いようでした。

ですが、そういった自然界の影響だけでなく、誕生の日や時刻は、出産に関わる人々（家族・親族・医療従事者など）からの方が、より強い影響を受けているのではないかと考えさせられていました。それは、赤ちゃんは立ち会いを希望する家族の都合のよい日時に合わせてタイミングよく誕生するとか、家族が産院に到着したとたんに分娩が進行し誕生するということが日常的に起こっていたからです。逆に、誰かが傍らにいることで分娩の進行が妨げられることもあります。

助産師は交替制で勤務しており、ある特定の助産師が勤務の時にはお産が多く、ある助産師の時は少ないということは実際にあり、お産につく頻度の高い助産師が勤務についた途端に分娩が進むということはよくあることでした。また、妊婦を継続して受け持ち出産に立ち会うシステムではないにも関わらず、大田さんのように一人の助産師が同じ産婦の出産に二回・三回と続けて立ち会うこともしばしばありました。このように、助産師も何らかの影響を受けていることが考えられたのです。

さらに、出産後、母親たちから出産した日には、家族、親族のなかでその日に関係する何かがあることをしばしば聞いていました。それは、例えば「今日は（親族の）○○と同じ誕生日です」「今日は夫婦の結婚記念日です」「今日は夫婦の出会った記念日です」と、家族内で記念すべき大切な日とか、「今日は、○○（親族）の命日です」「今日は○○（親族）の四十九日です」など、わが子の誕生の日を他界された家族を弔う日と関係づけた内容（文献7）でした。

自らの助産師としての経験と母親たちの体験談を考え合わせると、誕生のときは、子どもの両親だけでなく生きた人も亡くなった人も医療者も含めた人と人、そして自然が関係しているようです。では、具体的に母親たちは、どのような共時性（偶然の一致）を体験し、それをどのようにとらえているのでしょうか。母親たちの体験の語りを、家計図とともにご紹介しましょう。

1　誕生にまつわる不思議な偶然の一致

❶ 親子で誕生日が一致したAさん

「まさか、今日生まれるとは思わなかった。予定日までまだ一か月近くもあったし、だってまだ早産の時期でしょ。でも体重はちゃんと（二五〇〇グラム以上）ありましたね」

「私も四月一日が誕生日で、夜の十一時五十分に生まれたらしく、たった十分違いで学年がかわるのは私がかわいそうだからと思って、母は立ち会ってくれた先生（産科医）に、出生証明書には四月二日と書いて欲しいと頼んだみたい。当然、断わられたらしいですけどね。でも、私が十分後に生まれていたら、この子はいなかった。だって、もし、学年が違ったら、就職の時期や就職先が違っていて、夫とは出会っていなかったから」

「それから、義伯母さんも四月一日が誕生日だし、夫の方は、義母と義祖母が同じ誕生日です」

「私は父方のお祖父さんが亡くなって三日後に生まれたらしいです。お父さんはこの日に長女が生まれて〝すべて良し〟と言ってました」

予定日四週間前の妊娠三十六週〇日、ちょうど妊娠十か月に入った四月一日、早産でAさんの長女は誕生しました。朝から体調の変化に気づき、午前中に受診した結果、自宅安静の指示が出ました。その診察では、その日中に生まれることが予測できる状態ではなかったようです。午後になってお腹の張りと痛みが増したので、夕刻に再度受診したときには、分娩が始まっていたのでそのまま入院することになり、二十一時頃出産に至ったのです。初産婦にしては大安産です。

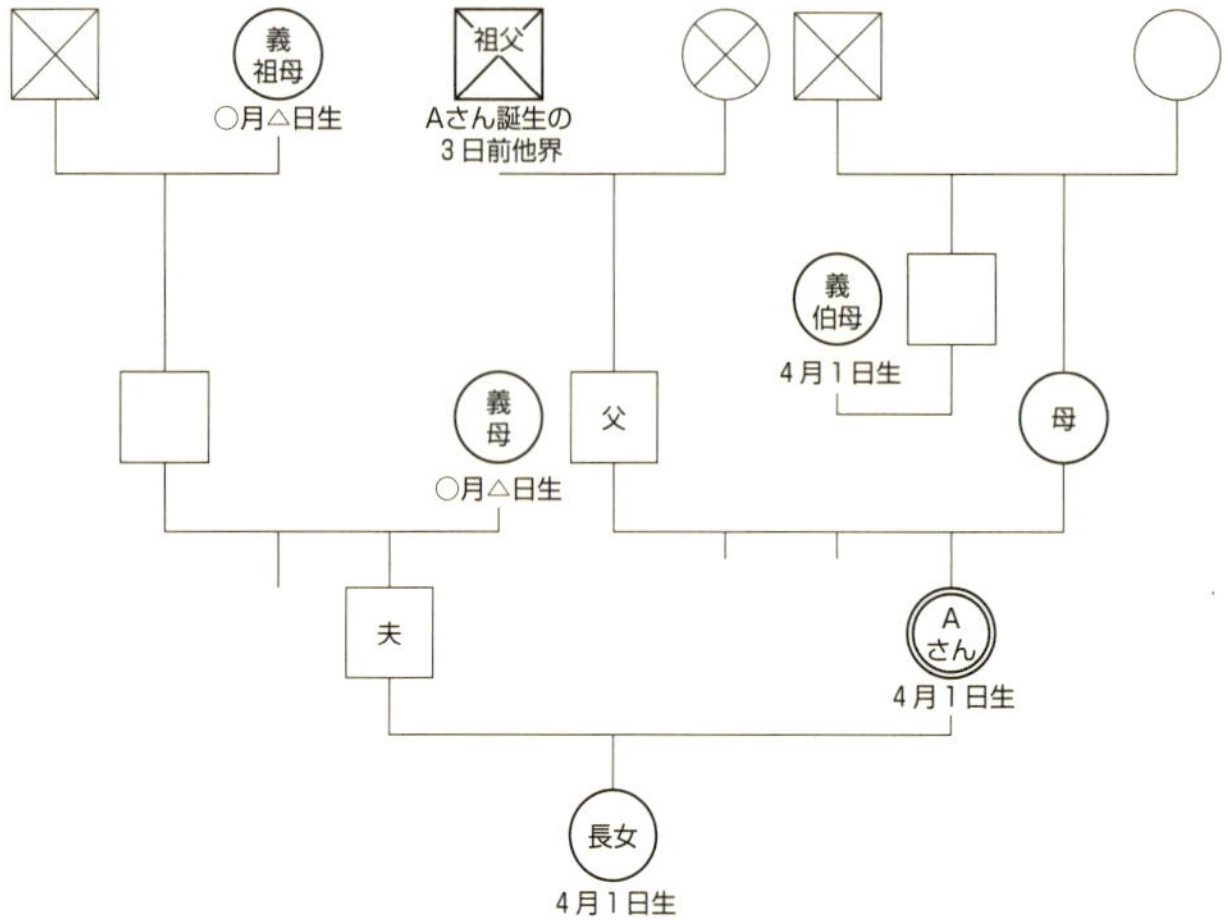

図4－1　Aさんの家系図

四月一日生まれは学年最後の誕生日。翌日の二日に生まれれば学年がかわるという瀬戸際の日です。Aさん自身も四月一日が誕生日で、二十三時五十〇分に生まれています。Aさんは母親から、学年で最後に生まれたので、幼稚園や学校などで体力や学力に遅れをとるのではないかと誕生直後から心配されて育ちました。ですが、Aさんにとっては、自分の誕生日には意味があり、十分遅れて生まれていたら夫に出会うことはなく、夫に出会ったからこそ長女を授かったと思いながら、妊娠中を過ごしていたようです。そうしたところが長女もまた自分と同じ四月一日に誕生したのです。早産であったにもかかわらず、胎内で十分育ち体重も二五〇〇グラムを超えて生まれたことに安心し、母親から自身が心配されたわが子の発育の面については全く心配していないということでした。

Ａさんはさらに、義伯母も四月一日生まれだと、もう一人同じ誕生日の親族がいることを強調されました。

また、Ａさんの親族には、他にも同じ誕生日同士の母子がいます。それは夫の母と祖母ということで、これも母子間です。家族、親族のなかに同じ誕生日の人がいることは、もしかするとよくあることなのではないかと気づきました。Ａさんは、「こういうことは生きていくうえで大切」と言われましたが、誕生日は、生まれる赤ちゃんにとっても赤ちゃんを迎える家族にとっても大きな意味があるのでしょう。

Ａさんは、父方の祖父が亡くなってすぐ（三日ほど後）誕生しています。父親を亡くした時期とわが子が誕生した時期が重なったお父様も、お母様同様にＡさんの誕生にはいろいろな思いがあったようで、娘の誕生日と孫の誕生日が重なったこの出産には、特にこのお父様が喜ばれたということです。

❷ 子ども二人の誕生時刻が一致したBさん

「上の子も八時十七分でした」

「二人とも四十週五日（予定日の五日後）で、しかも二人とも市川さんですよ」

「妊娠八か月頃のこと。夜中の三時頃に夢を見たんです。バックは真っ黒で白や黄色の流れ星のような点々がいっぱい流れる中に、女の赤ちゃんが現れて、〝母ちゃん、〝暖かい〟名前つけてな！〟とだけ言って消えました。それで、その日の昼間に今度は上の子が、〝赤ちゃんの名前、心の優しい名前にしてな！〟と言ったんです。だから、その日に女の子の名前を考えて……、上の子の〝〇海〟の〇を一文字とって〝〇暖〟に決めたんです」

「お腹の中にいたときや生まれたときのことを覚えている〇海は、生まれたばかりの〇暖ちゃんに〝出てくるとき狭かったやろ。母ちゃんのお腹の中で、こう（からだを丸めて両手を側頭部に当て）してたなぁ。暗かったなぁ〟などと話しかけていました。二人はつながっているのですね」

「この歳（三十代後半）になると、心から感動するようなことは減るけど、お産は感動する。人生で一番感動するのはお産。女に生まれてお産を経験できて本当によかったと思う。お産で実感するのはつながり。親子も兄妹も先祖もずっとずっとつながっているのですよね」

「長女が生まれて二か月半後に祖母が亡くなりました。祖父を九年、祖母を六年介護していた母は、自分の母親を亡くして本当は寂しいのだろうけれども、孫の世話をする忙しさで普通に過ごせているようです。母が悲しまなくてもすむように、この子が来てくれたのかな。親戚のみんなが〝母に似ている〟って言います」

「私は自分の親を亡くしていないから、母のように直接死に近づくことはできないけど、母を見ていると〝母がしてくれたことを、自分は子どもに返したい〟と思います」

Ｂさんの夫は、無事に誕生しＢさんの胸に抱かれた長女を見ながら、看護師に誕生の時刻を確認しました。看護師が「八時十七分です」といった途端に、二人は歓喜の声を上げ「上の子と同じ時刻だ」といいました。家族や親族で誕生日が同じということはしばしばありますが、一分と違わない同じ時刻に生まれたというのは、助産師歴約二十五年間のなかで初めてのことでした。

そして、さらにこの夫は「二人とも四十週五日で、しかも二人とも市川さんですよ」と、あえて私

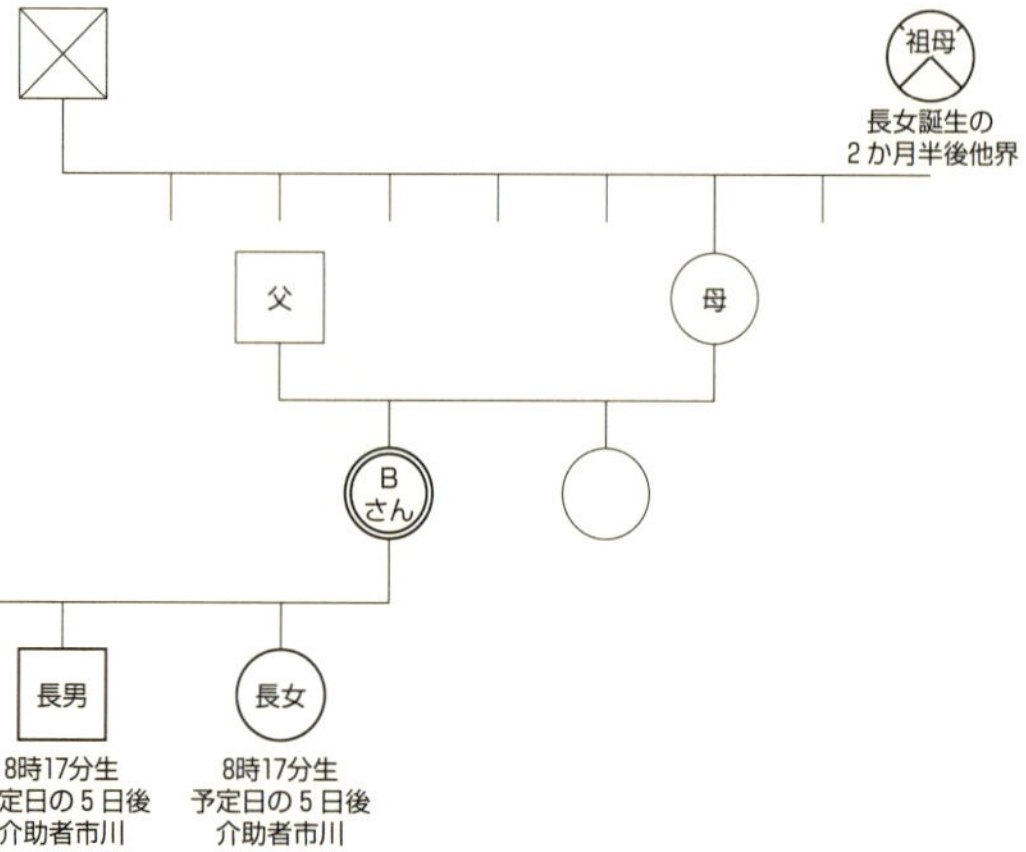

図４－２　Ｂさんの家系図

が関係していることを指摘されたのです。とっさの私は指摘された意味を飲み込むことができず、「私が原因？」「私が何かしたの？」と思ったのですが、これほどの奇跡を体験している自分に鳥肌が立ち、腰が抜けそうなほどの喜悦におそわれました。

何分の一の確率で起こるのかわからないこの偶然の奇跡。

家族間で誕生の時刻が一致すること、これはもしかすると実際にしばしあることなのかもしれません。しかし、Ｂさん夫婦のように子どもの生まれた時刻を覚えている親は少ないでしょうから、親も気づかないままかもしれません。さらに、覚えていた夫があえて伝えてくれなければ、私は知らないままだったでしょう。その上、どちらも私が立ち会ったことを強調して伝えて下さらなければ、その奇跡の事実も、事実の意味にも、助産師として人の誕生にかかわっている自分の仕事の重みにも気づくことはなかったでしょう。

Ｂさんは、妊娠中の夢で、胎児の性別を知り、胎児から名前の意向をきいたと言います。夢中で無意識領域の深層心理が現れることは知られています。眠っているときは覚醒しているときより胎児と心がつながりやすいのかもしれません。また、同じ日に上の子が、胎児の名前の希望を告げてきたことを考え合わせると、Ｂさんと、胎児の第二子と第一子は無意識の領域でつながっていたことがわかります。

胎内や誕生の記憶のある第一子の兄は、その記憶の体験を生まれたばかりの妹に語りかけています。妹が胎内にいたときからコミュニケーションをとっていたこの兄妹は、誕生も同じ体験として共有したのでしょう。

それにしても、この妹は、どのようにして生まれる時刻を調節したのでしょう？と、私にはそんな疑問が湧いてきました。

さて、Bさんの母方の祖母は長女が誕生して二か月半後に亡くなりました。Bさんは、そのことについて実母を中心に語っています。自分が母となった後の生き方は、必ず母親の生きざまの影響をうけます。両親を献身的に介護してきた愛情深いお母様の姿が浮かびました。Bさんもきっと家族思いのよき母として、さらに愛情いっぱいの家族を築かれるのだと思いました。

私は、Bさんの奇跡的なこの体験を通じて、Bさん自身が言うように、人は誰も目に見えない偉大なるつながりのなかで生かされていることに気づきました。

このBさんご家族の、さまざまな形で起こった奇跡的な体験は、私にとっても助産師だからこそ共有できた貴重な体験でした。

人が誕生するときには大いなる力が働く。それは神の力。

私がいつも手を合わせているお産の神に、助産師だからこそこのような体験ができたことについて、感謝の祈りをささげたことは言うまでもありません。

❸ 子ども二人の出生体重が一致したCさん

夫
「今日生まれなかったら、上の子と同じ体重にはならなかったですよね。前の日に生まれていても、次の日に生まれてもこの体重にはならなったはず。この子は生まれ時を知っていたのですね」

Cさん
「上の子の体重の四ケタの数字は、生活の中にあったんです。四ケタの数字って暗証番号に使えるでしょ。だから、上の子が生まれてからこの数字を暗証番号として使ったりしていました。そしたら、また同じ体重で驚きました」

「今回は逆子だったから、ずっと不安だったんです。妊婦健診に通っていた病院の先生からは、逆子は帝王切開じゃないと産めないっていわれていたのに、里帰りして正木さんに変わってから、帝王切開するともしないとも、逆子の産み方も何にも言われないし……。〃本当に産めるのかな？〃て。でも生まれてみたら、上の子と同じ体重で……。お産が終わったら、これまでの不安が全部消えました」
「こういうことがあったから、名前を考えるのにずいぶん上の子とのつながりを考えました」

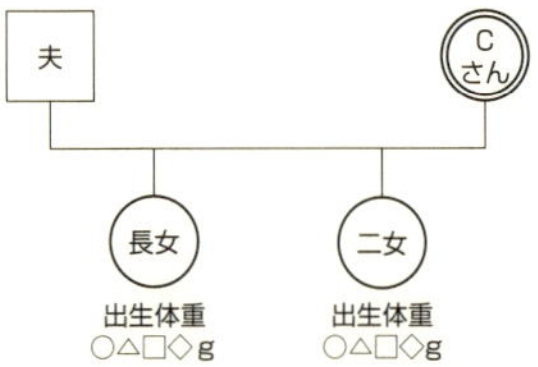

図4－3　Cさんの家系図

Cさんは逆子で二女を出産しました。無事に生まれ、看護師が出生体重を測って伝えたところ、まず、夫が「え、上の子と同じです」と驚きの声をあげました。そして、子どもは生まれ時を知っていると父親なりに解釈したようです。しかし、実際は生まれ時を知っていただけでは同じ体重になっていません。もっと違った条件も重なり合った結果の体重です。逆子の出産では、ほとんどの赤ちゃんは産道からお尻が見えるころに便を出します。便を出してからからだと頭が出て誕生となるのです。この出生体重は便を出した後の体重です。

Bさんのように兄妹間で出生時刻が一致したことも珍しく驚きましたが、姉妹間で出生体重が同じということも初めての経験でした。逆子のために分娩介助を行った院長も産後の処置を行いながら、

「開院以来、ここで一万人以上の赤ちゃんが生まれているけど初めてのことです」と驚いていました。

さらに驚いたことは、この四ケタの数字が日常生活の中で使われていたことです。二女として生まれたこの赤ちゃんの体重は、姉と同じ出生体重であると同時に、家族の数字だったのです。

こういった体験をしたCさんは、名前を決める際に、姉妹間、そして家族間でどのようなつながりをもった名前にしようかと考えたと言います。Cさんご家族の強いきずなを感じました。

Cさんは、里帰り出産です。自宅から妊娠九か月まで妊婦健診に通っていた病院では、逆子の経膣分娩は危険だから帝王切開になると言われていたようです。しかし、十か月にはいり正木産婦人科に転院してから帝王切開の予定について聞かされることはなく、帝王切開も怖いが、経膣分娩でも無事に産めるのか。自分の出産はいったいどうなるのだろうと、ずっと不安だったそうです。それが、出産を終えてみると結果的に大安産であったのみならず、姉妹間で体重が同じという奇跡があり、本当に幸せな体験となったようです。

私は、この赤ちゃんは、生まれる家族が一層きずなを強め、より幸せとなるよう、あえて逆子で生まれ、生まれる日も生まれる際に排泄する便の量までも、自分で調節して生まれたのかと思わざるを得ませんでした。

Cさんから私は、「お産の研究をしている市川さんに立ち会ってもらったことが不思議だ」と言われましたが、私自身もこのような奇跡に遭遇できたことで、生まれてくる子どものいのちの尊厳をより深く教えられました。

そして、感謝とともに、これからはお産の奇跡を一人でも多くの人に伝えていきたいという思いに、突き動かされたのです。

2 誕生と死のはざまに起こる不思議な偶然の一致

❶ 息子を父親の生まれ変わりというDさん

「この子は父の一周忌にできたんです。父の一周忌の日はすごく気分が悪くて……。そうしたら上の子が私のお腹を指さして〝赤ちゃん〟〝男の子〟って言ったんです。その時は、何の事だか分らなかったんだけど、しばらくして妊娠していることがわかって、びっくりしました。上の子は私が気づかないうちに、妊娠したことをわかっていたみたいです。二人目はなかなかできなくて、やっとできたときが父の一周忌で、しかも、上の子が言ったとおり本当に男の子だったんです」

「上の子が生まれたとき、（産後の）入院中に夫のお祖父さんが亡くなったんです。退院した日がお通夜で、すぐに駆けつけました。上の子はこのお祖父さんの特技を受け継いでいるんです。だから、〝この子はもしかして夫のお祖父さんの生まれ変わりかな？〟と思っていたんです。そしたら、下の子は父の一周忌にできたでしょ。だからやっぱり生まれ変わりっていうのはあると思うし、私は息子を父の生まれ変わりだと思って育てています」

「姪がまだ赤ちゃんのとき、義妹は自分の子をおいて家から出て行ったんです。義妹は自分も実の母親に育てられてないんですよ。姪には義妹やその母親のようにお腹を痛めて産んだ自分の子どもを捨てるような母親にだけはなってほしくなくて、〝この連鎖は断たなきゃ〟と思って、自分の子と思ってうちに引き取って育てることにしたんです。それで、あとでわかったことなんだけど、姪の母子手帳をみたら義妹と姪は親子で誕生日が一緒だったんです。誕生日が同じことがわかって、義妹のこと（行い）を忘れちゃダメって言われたみたいな気がしているんです」

Dさんは、二人の子どもを授かった際、どちらのときにも同時期に親族の死がありました。そして、亡くなった人と誕生した子の特技が同じであるとか、子どもに妊娠を知らされるなど不思議なことを体験し、亡くなった人の親族への生まれ変わりを信じるに至り、長男には実父の霊魂が宿り生まれ変

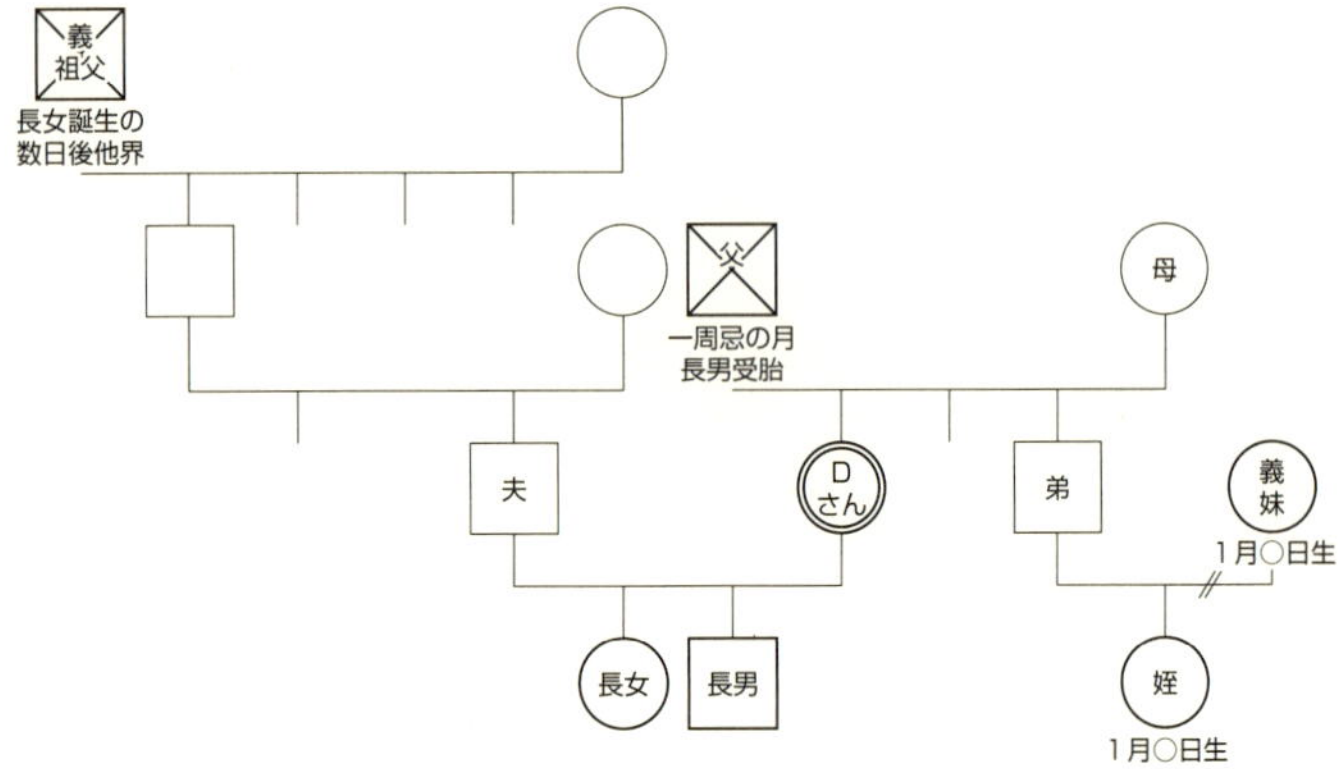

図4-4　Dさんの家系図

わったと確信したそうです。

私がDさんから初めて「息子は父の一周忌の日にできたんです」と聞いたとき、私はDさんが何を言わんとしているか全く理解できませんでした。あえて最終月経を聞き、出産予定日を聞いて、受胎日を計算してみましたが、一周忌当日に受胎したとは考えられません。当時の私は「妊娠は性交渉によって精子と卵子が合体し、受精卵が子宮に着床して成立するもの」という生物学的な考えしかなく、できた日とは受胎したその日と限定した考え方しかできなかったのです。Dさんにとって「できた日」とは、「大きな意味を持って妊娠がわかった日」のことでした。Dさんから、いのちの誕生について、家族の死と重ね合わせ、脈々とつながる家族や先祖とのつながりとしてとらえることの気づきを与えられました。

Dさんの実子は二人ですが、Dさんは実際には姪を引き取り三人の子どもを育てています。Dさんが長女を出産し長男を授かる前に、弟の子どもである姪が誕生しています。姪の母親つまり義妹は、まだ一歳の姪を残して家を出て行きました。この義妹は自身も実母に育てられていません。義妹は母親の愛情を知らないで育ったから、母親と同じ行動をとったと思うDさんは、自分の子どもより姪に愛情を注いで育てる必要があると思いました。子どもの時、親から虐待を受けて育った大人は、自分の子にも同じように虐待するという連鎖があります。Dさんはその連鎖を自分の手で絶ち切り、姪にはわが子に愛情を注ぐ普通の母親になってほしかったのです。そうしたところ、Dさんは姪が義妹と同じ誕生日であることを知り、これは姪を置いて出て行った義妹の行為を忘れないようにするためのメッセージではないかと思ったようです。

将来、子どもを産み育てるときの姪とその子の姿まで見越して、自分の子ども以上に愛情注いで育てることにしたDさんの、人としての愛情の深さに敬服しました。

❷ 妊娠中に母親を亡くしたEさん

「父が亡くなった頃母も病気になって、そしたら妊娠して、予定日は父の一周忌で驚きました」

「母は、亡くなる二週間位前から、〝ここ（病室）にお父さんがいる〟って言っていました」

「その日はまだ妊娠四か月で、妊婦健診で赤ちゃんの性別はわからない時期だったんですが、母は突然〝あなたのお腹の子は男の子よ。名前は○○がいい〟って言ったんです。それで、私は〝男の子ならお父さんの生まれ変わりやな〟と言うと、〝違う、その子は私の生まれ変わりよ〟って言ってね、それから容態が急変して五日後に死んだんです」

「母が亡くなった時（同じ時刻）にすごく気分が悪くなったんですよ。もしかして、あの時、母の霊魂が二男に入ったんじゃないかと思っています」

「両親が死んで、お産や育児を（両親には）助けてもらえなくなったでしょ。父の一周忌の日に生まれるかもしれないと思ったけど、入院中、上の子を姉に預かってもらう都合もあって、夫の（仕事の）休みの日に生まれてほしいと思っていたら、本当にそうなって、夫も〝日曜日に生まれてくれて助かった〟と言っていました」

「この子は育てやすい。お母さんもいないし助けてくれる人がいないから、神様が育てやすい子にしてくれたのかなぁ」

「親戚はみな〝母に似ている〟って言います」

Eさんは生まれたばかりの二男を胸に抱き、まず「本当に男の子だった」といいました。その言い方に何か含みを感じたので、あえてどういうことか訊ねました。すると、「四か月の時お母さんが死んだんです」といい、それから、昨年父親を亡くし二男を授かり、妊娠中に母親を亡くされた経緯と、お腹に宿ったわが子を、男の子だけど自分の生まれ変わりだと遺言として残した母親のことを、分娩に立ち会ったとはいえその日が初対面の私に、ひとつひとつの記憶や思い出を噛みしめるように詳細に話されました。

女性にとって、出産は母になるときであると同時に自分の母を想う時です。女性は出産直後、自分を産み育ててくれた母親にとめどもない感謝が湧きます。妊娠・出産・育児の際に妊産婦が一番身近なサポーターとして実母に援助を受けられるのはとても望ましいことです。単に家事を手伝ってもらうとか、出産に立ち会うとかという具体的なサポートの面でも重要ですが、もっと重要なことは、そこで、産み育ててくれた母と、そして母となった自分とその両者の関係性と向き合うことになるから

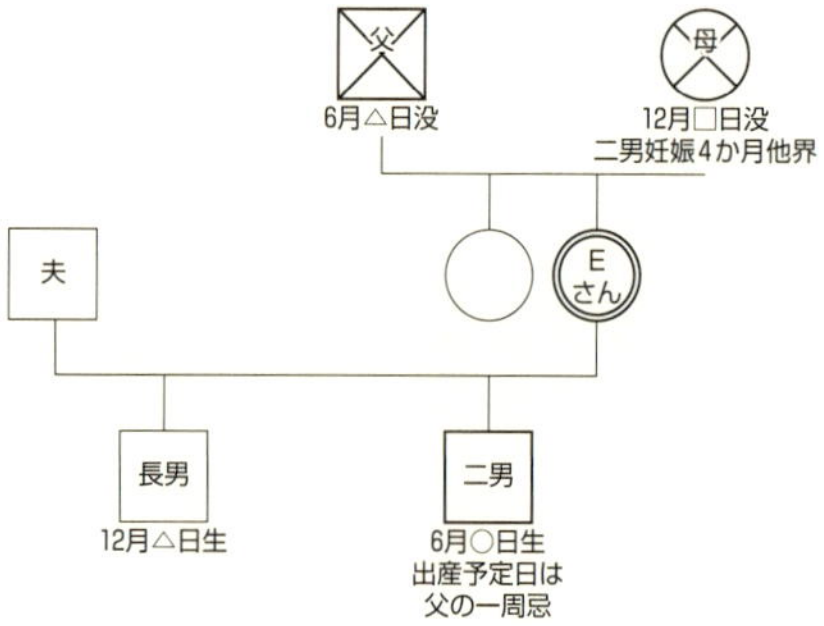

図4-5　Eさんの家系図

です。女性は、出産をとおして自分が育った環境やこれまでの生きざまを問い直し、母親から受けた愛情を自分の中で育み、子どもに返し母になっていくのです。ですから、母を亡くした後に出産した女性の心理は複雑です。産むことをとおして、亡き母への想いが深まるのみならず、母の生きざまと死にざまを想い返し、わが子を授かった意味も問い直すのです。

Eさんの場合は、父親も亡くされています。出産直後、亡き両親を想う感情が湧き、語ることで両親の死をこれまで以上に深く受け入れ気持ちを整理し、これから先、両親から受けた愛情を、生まれたわが子へと返していくのだと思いました。

Eさんの母親の命日と長男の誕生日は同じ十二月で、三日違いです。また父親の命日と二男の誕生日は同じ六月で、二日違いです。長男の誕生日は、父の十二月の月命日（無くなった日付）にあたります。Eさんご家族には、六月と十二月、半年ごとに子どもの誕生日と両親の命日が巡ってきます。

両親を亡くしたEさんの二人の子育てには両親の手助けがありません。ですが、三か月ほど後にお会いした時には今回の子育ては楽だといい、第三子の出産を計画していました。夫の仕事の都合に合わせてタイミングよく生まれた第二子は、両親を助けるために生まれたのかもしれません。両親からの直接の手助けは得られなくても、霊魂や神の加護を感じることができるなら、出産育児は楽で楽しく、さらに次子を望むことにもなるのでしょうか。

❸ 妊娠中に夫を亡くしたFさん

「この子は夫の納骨の前日に生まれました。夫はこの子が生まれたのを見届けて、安心してお墓に入ったと思います」

「夫はよく夢に出てきます。生まれる少し前にも出てきてくれたし、手術を終えた夜にも出てきてくれて、にっこり笑ったんです。きっと、手術の無事を伝えに来てくれたのだと思います。私が主人に会いたくてみる夢と、主人が会いに来てくれる夢は違うような気がします。この時は、主人が知らせに来てくれたと思います」

「私は、まだ二人目はもうちょっと後でいいと思っていたのに、夫が〝女の子が欲しい〟って言っててね、そしたらすぐこの子ができたんです。（予め死期を知って）自分が逝っても寂しくないように授けてくれたのかなぁ」

「四十九日（妊娠中）に写真を撮ったのですが、上の子の横に夫が写っています」

家族の死は、誰の死であっても辛いものですが、Fさんは、第二子の妊娠七か月の際に、夫を突然の心臓停止（急性心筋梗塞）で亡くしました。誕生した長女は呼吸が安定せず、保育器に収容されました。長女を直接抱っこも授乳もできないFさんは、保育器内の長女を見守りながら、「この子は夫の納骨の前日に生まれました」と話を切り出されました。

Fさんは、悲しみの中、夫の死を受け入れ子どもを育てようと、夫のお骨を自分の手で納め供養を済ませてから出産に臨む予定でした。しかし、予定していた納骨日の前日に出産となってしまいました。けれどもFさんは、自分の手で納骨できなかったことを残念に思うと同時に、夫の思いをくみ取って考え直すと、夫はお墓に入る前に長女の誕生を見届けられたので、安心したのではないかと思っ

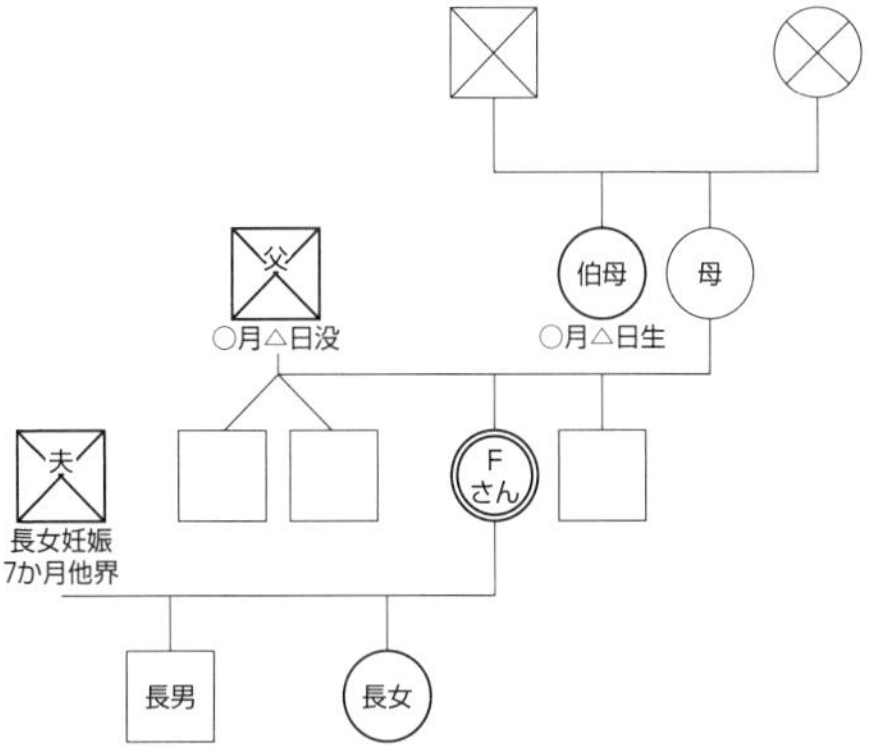

図４－６　Ｆさんの家系図

たようです。

その後、長女は循環器の専門病院に転院し、心臓に四つも病名を持つ重症な先天奇形があると診断され大手術を受けました。長女の容体と手術の無事、その後の経過を案じるＦさんのもとには、いつも夢中に夫が現れ、無事を知らせてくれたようです。術後の経過は良好で、長女はその後順調に成長されています。

夫の死因は急性心筋梗塞。そして、長女も生死をさまようほどの重篤な心臓の病（奇形）をもって生まれました。Ｆさんは、長女の生まれるタイミングや夢などさまざまな手段で夫からのメッセージを受け取り、自分も長女も夫の霊魂に守られていると実感しているようでした。

一般的に、死期の近い人や死後間もない人が夢枕に現れることはよく聞く話です。亡き夫を想い、夢をとおして夫の想いを受け止めることは、事実を受け入れ、自分一人で二人の子どもを育てていくという今後の人生の受容につながったようでした。

さて、そんなFさんの体験の語りに傾聴していたところ、Fさんの話題は実父の死へと展開していきました。父の死にざまもさることながら、父の命日は伯母の誕生日と一致していることを強調されました。伯母は父を忘れないようにとのメッセージだと受け止めているようですが、私は、「誕生」と「死」、それには深いつながりがあることを、Fさんをとおして深く学びました。

④ 母の霊魂に護られ出産した義姉妹のGさんとHさん

Gさん

「上の子が生まれた日はお義母さんの四十九日で、お義母さん（の霊魂）はその場（分娩室）にいてくれて、抱っこしてからあっちへ逝ったんじゃないかと思っています」

「今回（第二子）は、お義姉さんの妊娠がわかってすぐに私の妊娠もわかったんです。予定日は十日違いでお義姉さんの方が先で、不妊治療をしていたお義姉さんの方が先に妊娠したことに、意味があるような気がする。お義母さん（の霊魂）が気を遣ってお義姉さんのほうに先に授けたのではないかな」

「お義母さん（の霊魂）は、いつも両方の家族を見守ってくれていると思います」

Hさん

「やっぱり、市川さんのときに生まれた。お母さんが、義妹と同じ助産師さんのとき生まれるようにしてくれたんだと思います」

「いきんでいるとき、市川さんの顔がお母さんに見えました」

GさんとHさんの義姉妹とは、ともに妊娠八か月頃から助産師外来で関わりました。

Hさんを初めて診察したとき、Hさんは妊娠経過も出産も育児も何もかもが心配な様子で、さまざまな質問をしてこられました。問診する中で、不妊治療による妊娠であること、そして、母親が他界していることがわかりました。これはどちらも、妊婦の精神状態が不安定になる要素です。多くの不安を抱え精神状態が不安定なままの状態で出産を迎えると、微弱陣痛など分娩に異常が起こりやすく

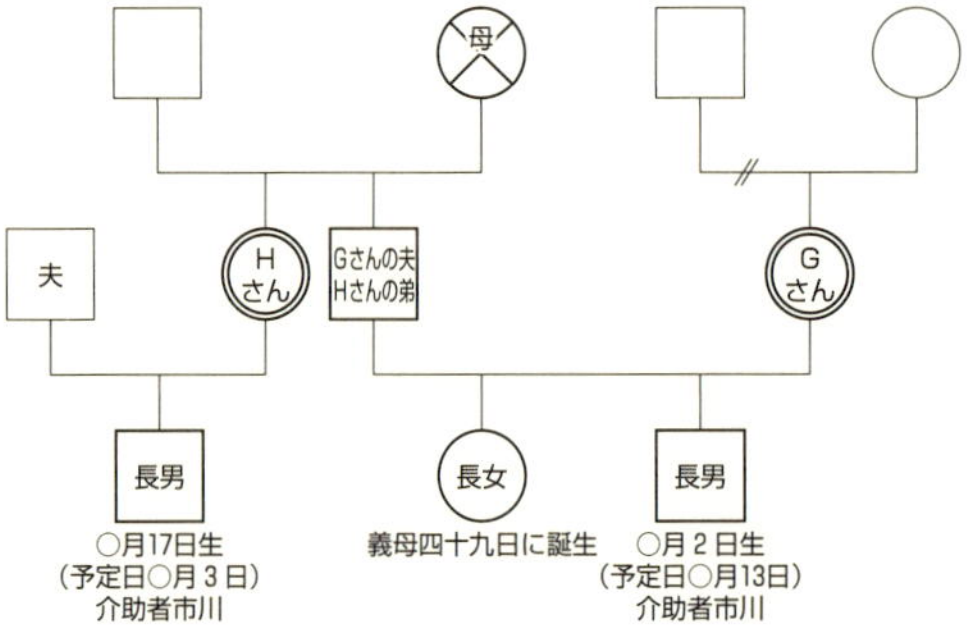

図４－７　ＧさんとＨさんの家系図

なります。異常出産は、育児のスタートにも影響します。そこで家族の中に、相談相手がないか聞いていくうちに第二子を妊娠中の義妹Ｇさんがいることがわかりました。

Ｈさんの診察からおよそ一週間後、今度はＧさんを初めて診察しました。Ｇさんの問診を進めるうちに、Ｇさんの義姉がＨさんであることがわかりました。そして、Ｇさんは、義姉妹間で同時期に妊娠したことは亡き義母の計らいであり、さらに、不妊治療をして第一子を妊娠した義姉と自然に二人目の子どもを妊娠した自分の予定日の前後関係には意味があり、義姉の予定日の方が先なのは義母の計らいと言ったのです。

Ｇさんは、ちょうど第一子の長女を出産した日が義母の四十九日でした。「長女が生まれたとき抱っこして、安心してあの世へ行った」といったＧさんの、長女を育てながら供養してきた義母への想いと、不妊症で悩み続けたＨさんへの気遣いが伝わりました。そして、二つの家族が仲良く助けあっていることもよくわかりました。

しかし、義姉妹がどれだけ仲良く助け合っていても、Hさんには分娩時には精神的なサポートが不可欠です。予定日が十日違いのこの義姉妹がいつ、どのように出産するのかと気がかりになったと同時に、この二人の出産どちらにもかかわることになるのではないかと、ふと脳裏を過りました。

それからおよそ二か月後の当直の晩、Hさんより先にGさんが出産となりました。長女を分娩台で出産したGさん、今度は自由な姿勢で陣痛を乗り越え、最後は四つんばいで、とても自然体の大安産でした。予感していたとおりにGさんの出産に立ち会い、この義姉妹とのご縁を感じたと同時に、次は気がかりだったHさんを、しっかりサポートしたいと思いました。

予測していたとおり、Hさんは予定日になっても陣痛が始まりませんでした。予定日を二週間過ぎると胎盤の働きが衰え胎児に影響がでます。予定日を十日ほど過ぎてから、陣痛誘発剤を使って分娩の誘発が開始になりました。けれども薬の効果はなかなか得られず、予定日を二週間過ぎた日の昼間にようやく出産になりました。やはり、それはちょうど私の勤務の時間帯で、五日越しの治療の末の、ご長男の誕生でした。

出産直後、Hさんは私にお産の最中に「市川さんがお母さんに見えた」と言われました。私も、実母を亡くしてから、三人の子どもを出産しています。第一子は病院で出産し、妊娠中から助産師と関わることはなかったのですが、第二子は助産院の出産でした。妊娠初期から継続して同じ助産師の妊婦健診を受け、その助産師に分娩の介助をしてもらいました。継続した関わりがあり、安心して身を任せることのできる助産師にサポートしてもらった二女の出産は、母の大きな愛に包まれたような安心感のあるとても楽で心地よい、幸せな出産でした。私も二女の出産時に助産師さんが亡き母に見えたのです。出産にはそういった安心感がとても重要です。私はHさんと出産をとおして同じ心の体験を共有し、無事の出産を喜びあうとともに、助産師の真の役割を再認識したのです。

この義姉妹はともに、両方の出産に私が立ち会うことができたことをも、亡き母の計らいだと言われました。そんなお計らいをしていただいた私こそ、お母様に心より感謝申し上げます。

❺ ご両親が出雲大社の参道で家業を営むIさん

「お義父さんが去年亡くなって、妊娠したら予定日がちょうど一周忌の日だったんですよ。みんなで、〝一周忌に生まれるかな?〟と言ってたんだけど、予定通りに生まれなかったから、ちゃんと法事もできたし、バタバタしなくてすんで、何より、夫は立ち会いをするのに今日が一番仕事上都合が良かったみたい。夫は義父の家業を継いで、今一人で仕事してるから大変みたいなんですよ。お義父さん（の霊魂）から護られているのでしょうね」

「妊娠がわかって、実家の母に電話したら、〝予定日はお義父さんの一周忌の□月○日でしょ？〟って予定日を言い当てたんです。私の実家は出雲で、母は神がかり的な不思議な話には詳しくて、そういうことはよくあるらしいんですよね」

Ｉさんのご両親は、出雲大社の参道でぜんざい店を営んでおられます。Ｉさんの実母は出産の知せを受けて、すぐに産後の手伝いのために出雲から駆けつけて来られました。そこで、Ｉさんの予定日を言い当てた実母にお会いしたとき、出雲では出産にまつわる神秘的なこととして、どういったいわれがあるのか、また、家族・親族間で他に何か不思議な事象はないか訊ねてみました。

そうしたところ、Ｉさんの弟と祖母の誕生日が同じであることと、Ｉさんの義父、伯父、夫の誕生日がお正月の三が日である一月一日二日三日と続いていることがわかりました。また、親族の中に、約十年間不妊症であった二世代に亘る二組の夫婦が、親族の死と同時期に妊娠出産を繰り返した例があること、実母自身が結婚したときにちょうど兄嫁の父親が他界したこと、Ｉさんの弟の妻つまり義

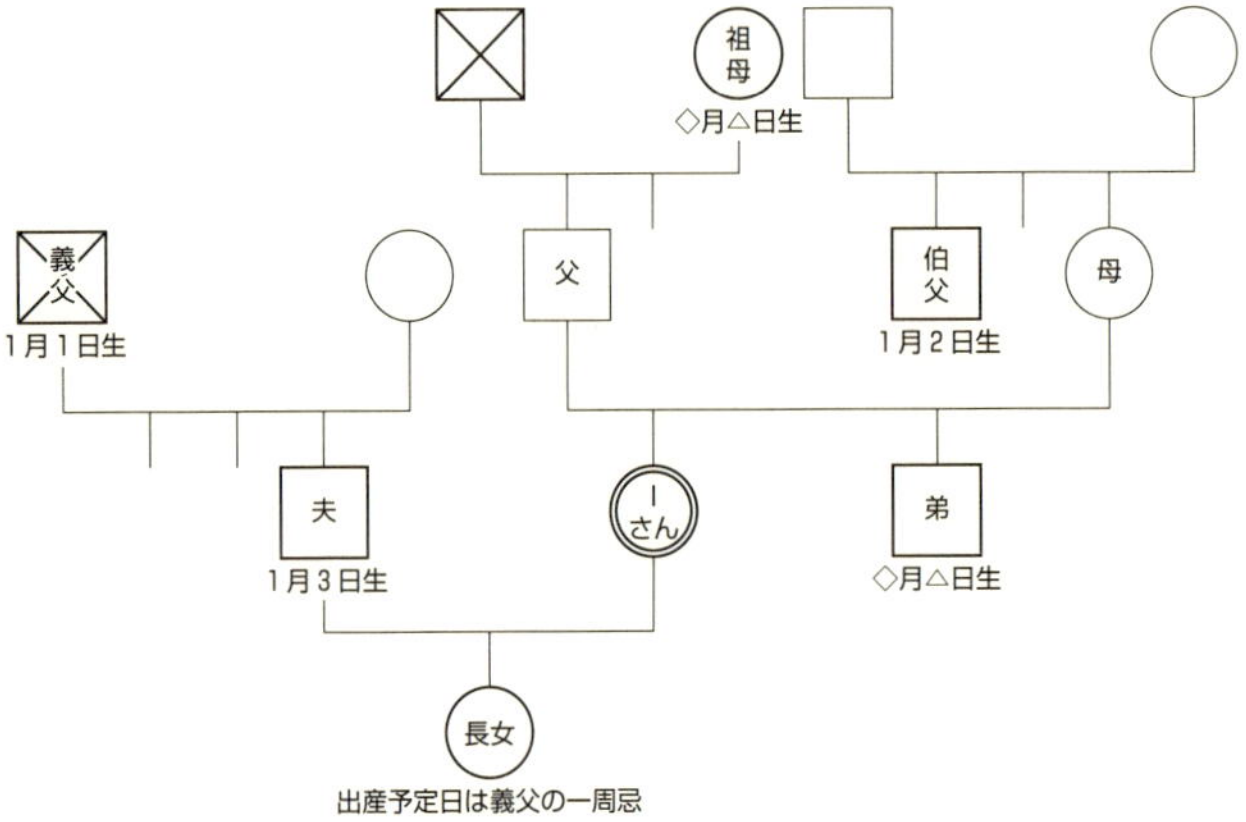

図4-8　Iさんの家系図

妹の旧姓「大〇」は、実母の実家のある地に多くある姓であること、近所に住んでいた義父のお墓は島根県にあり、義父はIさんの実家のある同じ島根県に葬られていることなど、親族内でのさまざまな偶然の一致について、具体的に教えて下さいました。

Iさんの実母によれば、これまでに紹介してきた事例のように、家族のなかで誕生日が同じであるとか、親族の誰かが亡くなったころ新しいいのちを授かるとか、誰かの命日と誕生日が一致するなどはよくあることのようです。出雲大社の神徳を熟知し神恩を受けながら生活している実母にとって、Iさんの予定日が義父の一周忌と一致したことは、とても自然なことのように話されており、人の誕生、死、結婚などの家族関係に変化が生じる際には、さまざまな偶然の一致が起こることが分かりました。

出雲大社は、縁結びの神様として知られています。Ｉさんの実母の話には、とても大事な含みがありました。実際にみてきた数多くの事例もふまえ、日本に伝わる神話や伝説や、神道の生命観には真実が秘められていると、信じるようになりました。

私は、助産師としていのちの誕生の場に携わり、これまでにさまざまな不思議な事象に遭遇し、お産の中に神様の存在を実感してきました。Ｉさんの出産に立ち会ったことをきっかけに、いのちの誕生における神秘性について、日本古来の神道の世界観から、考察することにしました。

いのちのむすび

私は、正木産婦人科で自然出産を勧めていくなかで、いつの日か、さまざまな場面で「いのち誕生の営みに神をみる」ようになっていきました。

赤ちゃんが誕生する場は、息をのむほどに神々しく神聖です。赤ちゃんは、大自然の山脈に朝陽が徐々に顔をだし、昇りながら周囲を照らしていくご来光のように、見え隠れしながら産道から姿を現わし、最後は光を放つように生まれ、その瞬間、母親も同じように光を放っているように見えます。

出産が気持ち良いのは母親ばかりではなく、その場を共有する者たちにとっても心地よく癒される瞬間です。こういった経験を積み重ね、私は自然出産を護り、いのちの神秘を後世に伝えたい思いを持ち続けてきました。

では、どうすれば「自然出産」ができるかといえば、ケアする側が、母親の産む力と赤ちゃんの生まれる力を引き出し医療の介入を最小限にする、それだけです。出産には、産婦の精神状態が大きく影響しますので、産婦が安心して出産に臨める環境を整えることが何より重要です。安心して出産できる環境には、産婦の家庭環境、産婦と助産師など医療従事者との信頼関係、医療従事者同士の人間関係など、人と人との良好な関係性が影響します。正木産婦人科に自然出産が定着したのは、そういった人間関係を重要視して、互いの信頼関係を築き、母親の産む力と赤ちゃんの生まれる力を信じて待つことに専念していたからです。最終的なお産の場（分娩室）では、お産を助けるわれわれが、産婦やそのご家族に指示的にならず、黒子になって産婦を見守ることができる関係性が最適です。

こうして自然な「待つお産」を遂行してきた中で、母親が自ずと語る出産体験の内容に耳を傾けているうちに、妊娠出産の過程で、人の力では操作することのできないさまざまな奇跡的な偶然の一致が発生することを知りました。母親たちにとっては、この神秘的な共時性体験が最も重要な体験です。また、女性がお産をとおして、宇宙や神とつながるような至福な体験をえることも重要です。

ではなぜ、それを重要視するのかを考えると、そこに、いのちのつながりの実感を伴うからです。妊娠出産はいのちをつなぐ行為です。いのちを授かると、母親たちは自ずと、自分が生まれ育った環境や生い立ちを問い、自分が生まれたことの意味を問います。そして、自分だけではなく、夫や両親や親族の生まれ育った環境や、生い立ちや生きざま、そして、死にざままでも問い、そこからいのちをつなぐ自分を知ります。そういった中で起こる神秘的な現象から得られるつながり感とは、「いのちの授受」や「いのちの循環」「生まれ変わり」、そして「自然とのつながり」です。神秘的な体験に、身近な家族や親族の霊魂の加護や神力の関与の実感も伴うからこそ、母親たちはいのちのバトンを享け取り、わが子を心から愛おしみ育んでいけるのだと思います。

私は、最初はいのちが誕生する場の神々しさに、日本人が自然の中に八百万の神をみる感覚でお産の神をみていました。ところが、さらに、出産の場を共有した母親たちが、奇跡的に起こった体験を語るのを聴いて、いのちのむすびつきに気づかされ、神（見えない力）の存在を確信しました。

平田篤胤は、主著の『霊《たま》の真柱《みはしら》』（文献24）で古事記を哲学的に解釈して宇宙生成論を展開し、「死後の霊魂の不滅」を説き、その後に、前世の記憶を持つ少年勝五郎から記憶を聞き取り『勝五郎再生《かつごろうさいせい》記聞《きぶん》』（文献25）を記し「生まれ変わり」を説きました。

それらの中で、彼は、産土神《うぶすなのかみ》が、死と再生を幽界の神事として継続して掌っていると説いていきました。人が死んで往く幽界の大本を統治しているのは、天照大御神《あまてらすおおみかみ》と産霊神の詔命《みことのり》により出雲大社に祭られた大國主神《おおくにぬしのかみ》です。そして、各地は、鎮守の神、氏神、産土神などが分担して掌っており、私たちは、この世に生きている間は言うまでもなく、生まれる前も亡くなった後も、永久に神によって守護されているといっているのです。

妊娠や出産時に共時性体験をした母親たちは、亡くなった親族の霊魂の加護や、生きた人も亡くなった人も含めた霊魂（神魂）のつながりを語っていました。

現代も、出雲大社の大國主神は日本の縁結びの神の大本として知られています。神無月《かんなづき》には全国の神様が出雲大社に集まり、全国の人々の翌年の「ご縁結びの会議」をするといわれています。

日本中の赤ちゃんが誕生するために、全国の産土神が集まって、男女だけでなく、生者も死者も含めた人と人の、最善のご縁が結ばれるように、神様会議が行われているのでしょうか。

ひとつのいのちは、一組の男女のむすびつきによって創られます。しかし、そこに霊魂が宿り生命力が働かなければ人間として誕生しません。母親たちの体験の語りや私の経験してきた不思議な事象を考え合わせると、生きた人も亡くなった人も含めた、生まれる赤ちゃんに関わる全ての人の神（霊）魂が、産霊神《むすび》の霊力となって誕生に関与しているのではないかと私は考えます。

「産霊神《むすび》」とは「霊魂（神魂）をむすぶ霊力」であって、「霊魂（神魂）のむすびつきによって生まれる力」です。その神（霊）力によって新しいいのちが誕生するので、私は、「いのちの誕生とは霊魂（神魂）のむすび」であり、赤ちゃんもまた人と人をむすぶので、生まれ出る赤ちゃんこそ、「産霊神」と考えるに至りました（文献7）。

日本で生まれ育った私は、日常生活の中で仏前や墓前、そして神に手を合わせるのは、特別なことではありません。私には、そういった文化的習慣の中で、日本人の古代感覚である神道の感覚が根付いていました。そして、母親たちの語る共時性体験も、同様に、神仏を崇め、先祖を敬う日本人の宗教感覚が基盤にある語り内容でした。

自然出産に関わり目の当たりにしてきたいのち誕生の神秘性から、永遠に続くいのちのつながりを実感し、先祖を敬い、いのちを授かることの尊さを学びました。生きるということは、人と人とのむすびつきです。人は、人とのご縁をいただき、人（他者）との関わりのなかから、自分のいのちを見つめ、生かされる自分に幸福感を得られるのです。

太古から、いのちは自然の中で生まれ育まれてきました。出産はいのちをつなぐ行為であり、赤ちゃんの誕生は、いのちのむすびです。どれだけ医療技術が進歩しようとも、その理が尊ばれ、光輝くいのちが永遠にむすばれ続けることを祈念しております。

あとがき

私は、正木産婦人科で経験してきた自然出産の素晴らしさを、どうすれば伝えられるか、医療化が進む今日だからこそ後世に残していきたいと、その方法を長い間模索してきました。

もう十年以上も前から、自然出産を伝えていくために、自然出産のできる施設（助産院）を開設しようと計画してきました。けれども、出産の医療化が進むにつれ、助産院は、新規開設どころか継続すら困難な状況にあり、閉院あるいは分娩の取り扱いを中止する施設が相次いでいるのが現状で、その計画は、いつ実現できるかいまだ未定です。

そこで、助産院開設の機を待ちつつ研究を始め、正木産婦人科で出産した女性の出産体験を調査しました。それが本書の内容ですが、研究を進めるうちに、さらに自然出産の尊さを思い知らされました。

「女性が心身ともに満たされる幸せな出産ができること」と、「時代を担う新しいいのち（赤ちゃん）が、人や自然とのかかわりのなかで、神力を最大限に発揮しこの世に生まれ出ること」、それは、豊かな社会をつくるベースとなります。そのことに、助産の実践と研究をとおして確信を持ちました。

二十パーセント近くに及んだ日本の帝王切開率に対して、私は真摯にお産に向き合う正木院長はじめ、同僚の助産師・看護師たちとともに、帝王切開率一パーセント未満の出産を看てきました。ですから、その現状に疑問を抱かざるをえません。しかし、お産を取り巻く医療体制が現状のままであるならば、帝王切開率がさらに増加していくのは免れないことでしょう。

自然出産のできる場には雄大な自然環境が最適と思い、夢を持って北海道に移り住みました。けれども逆に、北海道に来てさらに出産環境への危機感が強まりました。北海道では出産できる施設が偏在しています。多くの妊婦は、自宅から通院できる範囲内に出産施設がなく、妊婦健診を出産する施設とは別の近医で受診し、出産時には、陣痛が始まってから一時間、二時間、あるいはそれ以上の時間をかけて病院に向かうことを強いられます。雪の降る季節はさらにたいへんです。それでは車中分娩などの危険があるという理由から、一部の地域では、予定日の前に入院して分娩誘発剤を使った計画分娩が常態化していることも知りました。

その一方で、私はこの二～三年の間に、産科医や助産師などといった医療者の立ち会い無しに、自宅で家族だけで出産する「プライベート出産」とか「無介助分娩」といわれる出産の、全国各地の体験者に次々と出会ってきました。体験者の多くは「自然出産したくて、手伝ってくれる助産師さん（分娩を取り扱う開業助産師）を探したけど、（サポートしてもらえる範囲内には）いなかった」と言います。

このように、周産期医療の進歩という名の下に、出産施設の集約化が進み、多くの女性たちは、自分の住む地域で、安心かつ安全に子どもを産むことができなくなっているのです。

高齢化が進んだ日本は、老人の医療や介護、終末期のケアなどが、ずいぶん進められてきました。しかし、少子化対策として、出生数を増加させるために不妊治療は進歩してきたものの、安心して出産できる環境の整備はなされず、出産の場の改善という本質的な問題への策は講じられていません。また、学校教育のなかでも家庭のなかでも、子どもが大人に育つ過程のなかで、いのちを授かることや産み育てることの意味や喜びを教えられる機会はありません。女性が出産をすることに本質的な喜びを得られなければ、少子化は改善されないのではないでしょうか。

人の「誕生」と「死」の場のどちらもが施設へと移行し、ほとんどの人が生活のなかで、家族の誕生や死に立ち会うことは困難な時代になりました。私は、こういった時代を迎えた今日だからこそ、社会の幸せのためにいのちの尊厳を護るべく、新しいいのちの誕生を自然の営みとして、安心して迎えることのできる環境づくりが整われていく時代が来ることを願わずにはいられません。高度の周産期医療と連携、協同しつつ、本来当たり前の「自然の営みとしてのお産を保障する」、その制度の確立は急務です。

本書が多くの人々の目に留まり、そういったことへの関心の一助となることを願っています。

本書は、正木産婦人科で学んだ十八年の記録です。正木秀信院長はじめ、ともに職務に就かせていただいた職員の皆様と、調査に協力していただいた多くのお母様、お子様の写真を提供して下さった写真家の北田正明様、そして、正木産婦人科で出会い、いのちの誕生の素晴らしさを教えていただいたすべての母子とそのご家族の皆様に、心より感謝申し上げます。

研究活動に着手してから本書執筆までの数年間、多くの方々から研究のご指導と執筆へのご支援を賜りました。

立命館大学大学院修学時代の恩師であります、立命館大学名誉教授　林信弘先生、同志社大学教授　中川吉晴先生はじめご教授いただいた諸先生方、母児の愛着形成に関する共同研究者であります関西福祉科学大学教授　鎌田次郎先生、学会活動をとおしてお世話になっている人体科学会の鮎澤聡会長（筑波技術大学准教授）をはじめとする諸先生方に、心よりお礼申し上げます。

また、拙文の出版にご尽力いただきました晃洋書房の井上芳郎様、および編集部の皆様に、感謝申し上げます。

最後になりましたが、私の母は、三十年程前私が助産婦学校在学中に他界しました。この間、無条件に注いでくれた母の愛を思い返し、背中に感じる母の存在に支えられ、「母なる愛とは何？」と自問しながら、お産をみてきました。

「いのちのむすび」と題した本書は、ちょうど母が逝った年齢に記すことができ、その上、命日に出版の運びとなりました。

いのちのバトンをつなぎ、愛を与え続けてくれた天国の母に、感謝をもって本書を捧げます。

平成二十六年九月二十一日

助産師　市川きみえ

参考文献

（1） Maslow, A. H.: *The Farther Reaches of Human Nature.* 上田吉一訳：『人間性の最高価値』、誠信書房、一九七三、一九九―二一一。

（2） 上田吉一：『人間の完成――マスロー心理学研究――』、誠信書房、一九八八、一六一―一八二。

（3） C・G・ユング　河合隼雄訳：「共時性――非因果的関連の原理――」(Jung, C. G., Pault, W.: *The Interpretaton of Nature and the Psyche.* 河合隼雄・村上陽一郎訳：『自然現象と心の構造――非因果的関連の原理――』、海鳴社、一九七六、一―一四六)。

（4） 湯浅泰雄：『宗教と科学の間――共時性・超心理学・気の科学――』、名著刊行会、一九九三。

（5） 湯浅泰雄：『共時性（シンクロニシティ）の宇宙観――時間・生命・自然――』、人文書院、一九九五。

（6） 市川きみえ・鎌田次郎：「豊かな出産体験をもたらす助産とは――出産体験尺度（CBE-scale）による調査――」『母性衛生』、五〇（一）、二〇〇九、七九―八七。

（7） 市川きみえ：「神秘的な出産体験からみた生命誕生における霊魂のむすび――平田篤胤の産霊《むすび》神思想に基づいて――」『人体科学』、一九（一）、二〇一〇、五六―六八。

（8） 市川きみえ：「豊かな出産体験をもたらす助産ケア　再考――出産体験の量的・質的調査による見

解――」『助産雑誌』、六八（三）、二〇一四、二一〇―二一三。
（9）市川きみえ：「平田篤胤の思想からみた生命の誕生――産霊《むすび》神と産土神《うぶすなのかみ》の考察――」『対人援助学を拓く』第二十三章、村川邦子・土田宣明・徳田完二・春日井敏之・望月昭編、晃洋書房、二〇一三、二九五―三〇六。
（10）日本母乳の会運営委員会編：『だれでも知っておきたい母乳育児の保護、推進、支援　母乳育児成功のために　産科施設の特別な役割ＷＨＯ／ユニセフ共同声明』、図書印刷、一九九九。
（11）母乳育児サークル編：『おっぱいだより集――はげましあって楽しい母乳育児――』、メディカ出版、一九八六。
（12）山内逸郎：『母乳は愛のメッセージ』、山陽新聞社、一九八四。
（13）Wagner, M.: *Pursuing the Birth Machine : The search for appropriate birth technology.* 井上裕美、河合蘭監訳：『ＷＨＯ勧告にみる望ましい周産期ケアとその根拠』、メディカ出版、二〇〇二。
（14）主体的なお産を考える会編：『元気いっぱい　まるごとお産』、創森出版、一九九五。
（15）日本看護協会助産師職能委員会監修：『新版　助産師業務要覧　増補版』、日本看護協会出版会、二〇〇八、二一三―二一六。
（16）Odent, M.: *Birth Reborn.* 久靖男監訳、佐藤由美子・きくちさかえ訳：『バース・リボーン――よみがえる出産――』、現代書簡、一九九一。
（17）Balaskas, J.: *The New Active Birth.* 佐藤由美子・きくちさかえ訳：『ニュー・アクティブ・バース』、現代書簡、一九九三。

(18) 大野明子：『分娩台よさようなら』、メディカ出版、一九九九。
(19) 市川きみえ：「母と子主体の自然出産への取り組み」『助産婦雑誌』、五一（六）、一九九七、四八三―四八七。
(20) 三砂ちづる：『オニババ化する女たち――女性の身体性を取り戻す――』、光文社［光文社新書］、二〇〇四、八五―一三五。
(21) 三砂ちづる・嶋根卓也・野口真紀子・竹内正人・菅原ますみ・福島富士子・丹後俊朗・榊原洋一・小林秀資：「変革につながるような出産経験尺度（TBE-scale）の開発――主体的出産経験を定義する試み――」『臨床婦人科産科』、五九（九）、二〇〇五、一三〇三―一三一一。
(22) 竹原健二・野口真貴子・嶋根卓也・三砂ちづる：「出産体験尺度作成の試み」『民族衛生』、七三（六）、二〇〇七、二一一―二二四。
(23) 矢島床子・三井ひろみ：『Feeling Birth 心と体で感じるお産』、バジリコ、二〇〇七。
(24) 平田篤胤・子安宣邦校注：『霊の真柱』、岩波書店［岩波文庫］、一九九八。
(25) 平田篤胤・子安宣邦校注：『仙境異聞・勝五郎再生記聞』、岩波書店［岩波文庫］、二〇〇〇。

《著者紹介》
市川きみえ
広島県福山市生まれ
1983年　大阪市立大学医学部附属看護専門学校卒業
1984年　大阪市立助産婦学院卒業
2010年　立命館大学大学院　応用人間科学研究科　修士課程修了(人間科学修士)

1984-1990年　大阪市立母子センター　助産師
1993-2011年　医療法人正木産婦人科　助産師
2011-2013年　日本赤十字北海道看護大学　看護学部母性看護学領域
大学院　看護学専攻助産学分野　講師
2013年-現在　名寄市立大学　保健福祉学部看護学科　講師

いのちのむすび
——愛を育む豊かな出産——

2014年10月10日　初版第1刷発行　＊定価はカバーに表示してあります

著者の了解により検印省略

著　者　市　川　きみえ©
発行者　川　東　義　武
印刷者　江　戸　孝　典

発行所　株式会社　晃　洋　書　房
〒615-0026　京都市右京区西院北矢掛町7番地
電話　075(312)0788番㈹
振替口座　01040-6-32280

ISBN978-4-7710-2578-3　印刷　㈱エーシーティー
製本　㈱兼　文　堂